______________________ 님께

미래의 내가 후회하지 않도록
오늘 최선을 다하고자 합니다.

______________________ 드림

1%의 가치를 혁신으로 만드는 작은 거인의 건설 현장 노트

더 나은 내일을 건설합니다

1%의 가치를 혁신으로 만드는 작은 거인의 건설 현장 노트

더 나은 내일을 건설합니다

1판 1쇄 발행 2021년 10월 18일
지은이 김경수 **펴낸이** 최향금 **펴낸곳** 에이블북 **등록** 제2013-29호
주소 서울시 노해로 70길 54 **전화** 02-6061-0124 **팩스** 02-6003-0025

ISBN 979-11-87831-10-5 13320

1%의 가치를 혁신으로 만드는 작은 거인의 건설 현장 노트

더 나은 내일을 건설합니다

A BETTER TOMORROW

김경수 지음

ABLE BOOK

추천사

——— 현실과 가상현실이 공존하고 인간과 기계가 하나가 되어 살아가는 디지털 혁명이 가속화되면서 향후 미래의 삶을 어떻게 준비해나가야 할지가 화두인 세상이다. 그동안 인간이 하던 일의 대부분을 로봇이나 AI가 하고 인간은 뒷전으로 밀릴 날이 얼마 남지 않았다. 준비 없이 맞이하는 미래는 재앙이 될 수 있다. 그러니 하루 빨리 과거의 굴레에서 벗어나 미래와 가까워져야 미래의 성공을 담보할 수 있다. 미리 준비하는 자만이 미래의 영광을 차지할 수 있는 것이다.

그런 면에서 태일씨앤티는 다가올 미래를 차근차근 잘 준비하고 있는 회사다. 중소기업이지만 대기업 못지않게 정당한 분배, 협력업체와의 상생, 스타트업에 대한 과감한 지원을 실천함으로써 경기변동에 민감한 건설업을 영위하면서도 매년 지속적인 성장을 거듭하고 있다. 그리고 다른 건설기업보다 한발 앞서 디지털 트랜스포메이션과 ESG를 고민하는 모습은 늘 비전을 가지고 움직이는 태일씨앤티가 얼마나 미래지향적인 경영을 하는지를 잘 보여준다. 태일씨앤티의 치열한 성장 이야기를 담은 이 책은 생존과 발전을 고민하는 많은 중소기업이 나아가야 할 방향을 잘 제시해주고 있다.

이영탁 | 세계미래포럼 이사장

——— 중소기업은 우리 경제를 받치고 있는 버팀목이지만 대기업 중심으로 산업이 움직이다 보니 우리나라는 다른 나라에 비해 중소기업이 살아남기 힘든 구조다. 허리가 튼튼한 경제구조가 되려면 우리 경제의 허리인 중소기업이 글로벌 중견기업으로 지속성장해야 한다. 태일씨앤티는 이미 경영혁신형 중소기업으로 인증받은 메인비즈 기업이지만 여전히 도전과 경영혁신을 멈추지 않고 있다. 그러기에 해마다 성장세를 보이고 있는 게 아닐까 싶다.

이 책은 오늘날 태일씨앤티가 있기까지 어떻게 성장해왔는지를 현장감 있게 잘 풀어냈다. 다른 회사와 차별화되는 뛰어난 기술력과 인재 양성을 위한 과감한 투자, 미래의 먹거리를 위한 사업 다각화 등 오늘에 안주하지 않고 더 나은 미래를 위해 거침없이 나아가는 모습이 담겨 있다. 태일씨앤티는 경제적 가치와 사회적 가치 창출이 선순환되는 새로운 비즈니스 모델을 중소기업이 어떻게 실천할 수 있는지를 보여주는 좋은 사례가 되는 기업이다. 경영혁신을 고민하는 중소기업 경영자에게 많은 도움이 되는 책이다.

석용찬 | 한국경영혁신중소기업협회 회장

——— 태일씨앤티 김경수 대표님의 저서 출판을 진심으로 축하한다. 저자의 과거 경험과 미래 비전을 통해 우리 건설 문화의 과거와 미래를 투영해 볼 수 있는 좋은 계기가 되었다. 'A better tomorrow'라는 제목처럼 '더 나은 내일'을 위해 도전하는 태일씨앤티와 김경수 대표님에게 응원을 보낸다.

장세현 | 대한전문건설협회 철근콘크리트협의회 회장

——— 이 책은 성공 기업의 치열한 성장 과정과 도전·혁신으로 기업을 일군 외고집 경영자의 철학과 미래 비전을 잘 담고 있다. 성공을 꿈꾸는 모든 분들에게 일독(一讀)을 권한다.

이병국 | 전 새만금개발청장

——— 4차산업혁명, 디지털트랜스포메이션, ESG 등 그 어느 때보다 경영환경의 변화가 큰 때이다. 특히나 전 세계를 공포에 빠뜨린 코로나 팬데믹은 누구도 미래를 예측하기 어렵게 만들었다. 태일씨앤티는 이런 어려움 속에서도 지속적인 경영 혁신으로 꾸준히 성장해오고 있다. 이 책을 통해 생존 전략, 경영 혁신 방법을 고민하는 많은 중소기업 경영자들이 좋은 해법을 얻어가기 바란다.

조영호 | 아주대경영대학원장

——— 이 책의 원고를 받아서 목차를 보았다. 첫눈에 굉장히 도전적 내용이 많았다. 마침 고향인 하동으로 가는 버스에서 보았는데, 눈을 뗄 수가 없어서 재미있게 보았다. 평소에 보았던 김 대표님을 새로 볼수 있어서 좋았다. 이 책은 건설업에서 성공할 수밖에 없는 시스템을 알려주는 책이다. 그뿐만 아니라 제조나 서비스업도 똑같은 원리가 작동되지 않을까? 하나를 잘하면 만사를 잘하는 법이라고 했다.

이경만 | 한국공정거래평가원장

——— 강소 건설기업 태일이엔씨의 김경수 대표는 기업을 장인정신으로 체화시켜 많은 고객사로부터 신뢰를 받고 있다. 건설의 4필인 품질, 안전, 공정, 원가 부분에서 동종업계 대비 월등한 경쟁력을 보유하고 있다. 최고 품질을 지향하는 고집과 늘 공부하는 자세, 일에 대한 끈기는 그의 인생을 대표하는 단어라고 본다. 그는 또한 스타트업을 발굴 및 육성하는 엔젤로서도 왕성하게 활약하고 있다. 우리가 함께 살고 있는 사회를 이롭게 하고자 스타트업과 벤처기업을 육성하고 있는 그의 의지는 기업가정신에서부터 시작되었다.

김경희 | 본태C&D, 전 대림산업 임원

——— "이윤만을 추구하는 기업은 결코 오래갈 수 없습니다. 어려울 때 함께해온 직원들 그리고 협력업체들과 함께 상생하며 성장하는 기업을 만들겠습니다." 그와의 첫 만남은 6년 전 구로디지털지점 사무실에서였다. 창업 후 초고속성장을 하고 있었지만 자금난으로 많이 힘들어보였다. 하지만 그의 사업 소신은 분명했었다. 30여 년 중소기업 CEO들과 소통하면서 진정한 기업가를 만나는 건 그리 쉬운 일은 아니었던 것 같다. 없었던 길을 만들어가는 열정적 도전정신, 그리고 그 열매를 주변 분들과 함께하려는 '나눔과 상생의 리더십'. 이 책이 건설현장에 계신 분들뿐만 아니라 새로운 길을 개척해나가는 미래의 CEO분들에게 필독서가 될 거라 확신한다.

최창석 | 전 신용보증기금 상임이사

——— 작은 건설업체를 도전, 혁신, 소통 그리고 창조정신으로 불과 8년 만에 기적 같은 중견 메인비즈 기업으로 발전시킨 김경수 대표의 경영리더십은 태일씨앤티의 팬덤을 반드시 구축하리라 믿는다.

원창희 | 고려대학교 연구교수/파인협상아카데미 대표

——— 기술자가 자신의 노하우를 이렇게 진솔하게 털어놓은 예는 별로 없었다. 경영자가 업에 대한 생각을 이렇게 자신 있게 펼쳐놓은 예도 별로 없었다. 사업가가 미래에 대한 방향 제시를 이렇게 명쾌하게 제시한 예도 별로 없었다.

김광만 | 《튼튼하고 아름다운 건축 시공 이야기》 저자

——— 1억에서 시작하여 하루 만에 100미터의 공사를 마무리하고, 끊임없는 혁신과 프롭텍(Property+Technology) 분야 스타트업 발굴까지 항상 다른 사람보다 한발 앞서 나가려는 김경수 대표의 혁신 기업가 정신에 존경을 표한다.

조영진 | 로제타텍 대표이사

프롤로그

서두르지 말고 각자의 계절을 기다리자

2013년, 24년간의 직장생활을 마무리하고 태일씨앤티를 인수하면서 경영자로서 세상에 출사표를 던졌다. 당시 51세였다. 다른 사람들이 보기엔 뭔가를 시작하기엔 한참 늦은 나이였을 것이다. 하지만 이후 8년이 지났고 회사는 해마다 성장을 거듭하면서 안정기에 접어들었다. 그 시간 동안 나는 수많은 비바람과 태풍에 맞서 싸우면서 나만의 꽃을 피웠다. 이를 두고 어떤 이는 너무 늦게 꽃을 피운 게 아니냐고 반문할 수도 있다. 하지만 더 일찍 시작했다면 지나치게 의욕이 앞서 공격적인 경영을 펼치다 더 힘들어졌을지도 모르겠다.

인생을 살아가며 모두가 각자의 길을 걸어간다. 어떤 사람은 빨리 목적지에 도착하고 또 어떤 사람은 조금 늦게 도착할 수도 있다. 모든 이들이 제각각 개성이 있듯이, 각자의 그릇대로 각자의 계절을 기다린다면 꽃이 피지 않는 나무는 없다. 이때 중요한 것은 자신의 주관대로 흔들림 없이 자신의 길을 걸어가는 것이다. 차근차근 실력을 키워서 서두르지 말고 자기의 계절을 기다리면 된다.

8년 전 큰 용기를 내어 이 세상에 경영자로서 출사표를 던졌듯이, 두려움 반 설렘 반으로 또다시 용기를 내어 나와 태일씨앤티 구성원들이 치열하게 쌓아 올린 건설 현장 이야기를 책으로 담았다. 세상과 맞부딪혀 크게 소통하는 일이니 내겐 제2의 출사표인 셈이다. 내가 걱정하는 작은 우려는 이 책이 가져다줄 큰 기대로 덮고자 한다.

다들 건설업은 이제 사양길에 접어들었다고 말한다. 특히나 건설현장에서 청년이 사라지고 직원들의 고령화 현상이 나타난 지 오래다. 경영 환경도 급변하고 있다. 4차산업혁명, 디지털트랜스포메이션, ESG……. 세상의 흐름을 좇아가기도 바쁘다. 건설업이 호황이던 시절에는 건물만 튼튼하게 잘 지으면 성공할 수 있었던 데 비하면 저물어가는 산업임에 분명하다.

하지만 8년간 회사를 경영하면서 직원과 협력업체와 상생하겠다는 마음으로 경영의 정도(正道)를 걸으며 지속적인 경영혁신을 한다면 건설업의 미래가 그리 암울한 것만은 아니라는 점을 깨달았다.

그래서 33년간 건설업에 종사해오면서 평사원으로 임원으로 오너로서 느꼈던 회사 경영, 공정한 분배, 협력업체와의 상생 등의 이야기를 현재 건설업에 종사하고 있는 후배들에게, 건설 관련 공부를 하고 있는 학생들에게 들려주고 싶었다. 그리고 건설업이 사양산업이라며 쳐다보지도 않는 젊은이들에게 한번 도전해봐도 좋다고 얘기하고 싶었다.

이 책의 제목처럼 '더 나은 내일을 건설하기 위해서' 현재의 어려움을 이겨내고 미래의 내가 후회하지 않도록 오늘 최선을 다하고자 한다. 사실 관두는 게 제일 쉬운 일이다. 이 선택은 최후의 보루로 남겨놓고 최선을 다한다면 이루지 못할 것이 없다.

그리고 익숙함에 속아 소중함을 잃지 않도록 늘 나를 되돌아본다. 지금 편하게 누리고 있는 모든 혜택은 과거로부터 물려받는 것이 아니라 미래에서 잠시 빌려온 것인데, 우리는 마치 오늘 다 소비할 것처럼 행동한다. 현재는 조금 일찍 온 우리의 미래다. 어렵고 힘든 지난 시간 동안 열심히 노력한 한 사람 한 사람에 의해 만들어진 소중한 것들을 그냥 편안하게 사용하는 것이 아니라, 지금보다 더 발전시켜 더 많은 혜택으로 이 사회에 돌려주어야 한다는 책임감으로 태일씨앤티를 운영하고자 한다.

이 책이 한 중소기업 CEO 개인의 이야기가 아니라, 생존을 걱정하며 밤잠을 설치는 수많은 중소기업 CEO에겐 비전과 희망을 주고, 일자리 때문에 고민인 청년 구직자에겐 건설업을 한 가지 선택지로 삼을 수 있는 계기가 되길 기대한다. 또한 이 책이 나비효과가 되어 건설업에 대한 세상 사람의 관심이 높아진다면 더할 나위 없이 기쁘겠다.

김경수

CONTENTS

2장 —— 똑같은 돈 받고 왜 그렇게까지 일하냐고?

3장 숨어 있는 영웅을 찾아서

4장 ── 더불어 미래를 꿈꾸다

1장

1밀리의 오차도 허용하지 않는다

1군 건설사 수주를 위한 발판을 마련하다

전략적으로 접근해 입지를 세우다

2013년 8월 S중공업 거제조선소 유틸리티(Utility) 공사를 수주했다. 1억 원가량 되는 적은 규모였지만 우리에겐 매우 뜻깊은 공사였다. 태일씨앤티를 설립하고 따낸 첫 수주였고, 이제 갓 사업을 시작한 작은 회사가 S중공업과 같은 1군 건설사의 공사를 맡게 되었기 때문이다. 흔히 전년도 수주 1,000억 원 이상에 도급순위 100위 이내를 1군, 101부터 200위까지를 2군이라 말한다(공식적으로는 조달청 등급제에 따라 1군은 1등급, 2군은 2등급으로 부른다).

1군 건설사와 일하려면 일정 규모 이상의 실적이 있어야 하는데, 태일씨앤티의 전신이었던 지인개발은 실적이 저조해 1군 건설사의 협력업체로 등록조차 안 되어 있는 상황이었다. 앞으로 차곡차곡 실적을 쌓아 협력업체로 등록하려면 갈 길이 너무 멀었다. 그래서 나는 거꾸로 접근하기로 했다. 마치 어려운 수학 문제를 해결하고 나면 쉬운 문제는 금세 풀리는 것처럼, 처음부터 1군 건설사 일을 해냄으로써 업계에서 빠르게 입지를 세우는 전략적인 방식을 택한 것이다.

그동안 수많은 건설현장에서 대형 프로젝트를 성공적으로 해낸 경험이 있으므로 누구보다 잘해낼 자신이 있었다. 그리고 나를 믿고 창업에 동참해준 직원들의 실력 또한 뛰어났으며 의욕도 충만했다. 거제조선소 유틸리티 공사는 1억이라는 매출이 목표가 아니었다. S중공업과의 관계를 맺기 위함이었다. 협력업체로 등록이 되어야 대형 프로젝트에 입찰할 자격이 생긴다. 이 공사를 발판 삼아 S중공업에 태일씨앤티의 이름을 각인시키고자 마음먹었다.

기술자라면 이 정도쯤이야

유틸리티 공사는 그다지 어려운 공사가 아니다. 그런데 거제조선소에서 유틸리티 공사를 하는 와중에 예상치 못한 상황이 발생했다. 패드 철거 및 포장공사, 패드 철판 및 H-빔 설치공사, 3도크 도로 확장공사 등과 같은 부수적인 공사를 맡은 업체가 중도에 그만둬 버리는 바람에 공사가 멈춘 것이다. 공사를 계속하려면 누군가 이 일을 처리해야만 했다.

도로포장 공사는 철근콘크리트 전문 건설회사인 우리 회사의 영역이 아니었다. 하지만 이 일을 하지 않으면 클라이언트인 S중공업과의 관계가 멀어질 것 같았다. 태일씨앤티의 미래가 달린 이 기회를 놓칠 수 없었다. 그리고 한편으론 우리에게 주어진 또 다른 기회라는 생각이 들었다. 우리 전문 분야인 철근콘크리트뿐만 아니라 이런 일들도 잘 처리해낸다면 우리에 대한 신뢰도가 올라갈 게 분명했다.

당시 거제조선소 유틸리티 공사 현장에서 일하던 우리 직원들은 다들 건축 기술자였다. 다른 회사의 경우 전공과 무관한 사람들이 현장에서 일하는 경우가 많지만 우리 회사는 건축 전공자 중심으로 인력을 배치하므로 다들 건설과 관련된 여러 가지 업무에 대한 기본적인 수행 능력을 갖추고 있다. 그래서 급작스럽게 도로포장 공사를 맡게 되었어도 당황하지 않고 무사히 마무리할 수 있었다.

수주 후 가장 우선적으로 여겨야 하는 건 고객 만족이다. 우리에게 있어 고객, 즉 클라이언트는 공사를 발주하는 건설

거제 S중공업 조선소 전경

사다. 건설사라는 고객을 만족시켜주는 중요한 요건은 원가, 공기(工期, 공사하는 기간), 안전, 품질이다. 공사를 하다 보면 늘 예기치 못한 문제가 생기게 마련이다. 이럴 때 신속 정확하게 원인을 파악해서 문제를 해결해내는 게 실력이다. 게다가 거제조선소 유틸리티 공사는 우리 회사의 첫 수주였으므로 완벽하게 해내고 싶었다. 우리가 전체 공정에 대한 책임을 맡았으니 우리 공정이 아닌 부분도 차질 없이 처리하고자 노력했다.

완벽 시공을 위한 노력들

도로포장 공사를 무사히 마무리한 뒤 우리의 본업인 철근 콘크리트 공사에 집중하고자 했지만 지방에서 일하다 보니 생각지 못한 여러 가지 문제가 발생했다. 그 지역 업체와 협업으로 방수공사를 하고 있었는데 방수공사를 하던 업체가 갑자기 사라져버렸다. 한마디로 잠수를 탄 것이다. 납기일을 지키기 위해 하는 수 없이 당시 현장을 책임지던 박치호 소장이 직접 방수공사를 했다. 다행히 하자는 없었다.

그런 일이 한두 번이 아니었다. 콘크리트 타설 일자가 잡혀 있으면 타설하기 전날 철판 용접을 해야 하는데, 용접사가 아무런 연락도 없이 안 나타났다. 지방인 데다 너무 일정이 급박해서 당장 용접사를 구할 수가 없었다. 박치호 소장은 내게 보고도 하지 않은 채 직원 한 명과 밤을 새워가면서 새벽 5시까지 용접을 했다. 오늘 해야 할 일을 오늘 마무리하지 않으면 내일 일에 차질이 생기기 때문에 나서서 해야 한다고 판단한 것이다. 나중에 들으니 용접하기 까다로운 부위라 용접면을 착용하지 못해서 얼굴 피부가 한여름 뜨거운 태양에 거슬린 것처럼 한 꺼풀 벗겨졌다고 한다. 박치호 소장은 지난 이야기를 웃으며 얘기했지만, 당시 그가 얼마나 힘들었을지 짐작할 수 있었다.

1억 원이 166억 원으로 돌아오다

수주한 일에 대한 완벽 시공은 아무리 강조해도 지나침이 없다. 그리고 이와 더불어 아무리 힘든 상황이라도 반드시 챙겨야 할 것은 이윤이다. 이윤 창출이 기업의 목표이기 때문이다. 건설 현장은 환경, 인력, 자재, 장비, 경제적 상황 등 여러 가지 변수에 따라 상황이 달라지므로 예측하지 못한 애로 사항이 많이 발생한다. 하지만 어떤 애로 사항이 있더라도 이를 극복하고 목적물을 완성하고 원가관리를 통해 이윤을 창출해야 한다.

태일씨앤티의 첫 수주였던 거제조선소 유틸리티 공사는 완벽 시공과 이윤 창출이라는 두 가지 목표를 모두 달성한 현장이었다. 여러 악조건 속에서도 무사히 공사를 끝냈고, 직원들이 고생해가며 추가 공사한 걸 보태 1억 5,000만 원의 매출을 올렸다. 총액은 얼마 안 되지만 직원들의 노고가 눈물겨웠다.

그리고 무엇보다 중요한 성과는 태일씨앤티가 S중공업 협력업체로 등록 요건을 갖추게 된 것이었다. 아무리 인맥이 있어도 실력이 좋아도 협력업체로 등록이 안 되면 입찰에 참여조차 못하므로 공사 수주를 받을 수 없다. 거제조선소 유틸리티 공사의 경우 규모가 작아 입찰이 아닌 시행사 추천으

거제 장평 사외기숙사, 복지관 조감도

로 참여할 수 있었던 것이다.

거제조선소 유틸리티 공사를 성공적으로 끝낸 뒤 2014년 4월 공사금액 100억 원 규모의 사외기숙사를 수주했고, 같은 해 7월에는 50억 원 규모의 장평복지관을 추가 수주했다. 그리고 9월에는 16억 원 규모의 피솔 도장공장 현장 공사까지 수주했다. 2년 동안 거제도 안에서 세 가지 공사가 이루어진 것이다.

1억 원 규모의 작은 공사로 시작해서 바로 그 다음해에

거제 사외기숙사 안전기원제

166억 원 규모의 공사를 수주한 것이다. 거제도에서 이루어진 세 공사의 수익률은 업계 평균을 상회했으며, 태일씨앤티가 앞으로 나아가기 위한 든든한 발판이 되었다.

첫 시작이니 반드시 잘해내겠다는 일념으로 조직원 전체가 하나가 되어 모든 열정을 쏟았다. 최고의 결과물을 내기 위해 매일매일 업무를 철저히 점검하고, 수시로 공사 현장을 꼼꼼히 살피며 완벽하게 시공하고자 했다. 그리고 원가절감을 위해 머리를 맞대고 저마다 좋은 의견을 냈다.

태일씨앤티의 사훈은 책임완수, 근면성실, 인화단결이다. 거제 현장을 이끈 박치호 소장은 근면성실성을 바탕으로 직원들과 인화단결하여 책임완수가 무얼 의미하는지 제대로 보여주었다. 일을 맡으면 어떻게 해서든 '완수'해야 한다. 오로지 책임완수를 위해 힘든 내색 한 번 하지 않고, 묵묵히 일한 박치호 소장 같은 인재가 있기에 오늘날 태일씨앤티가 존재하는 것이다.

끈질긴 노력으로
250억 프로젝트를 따내다

1%의 가능성을 붙잡다

2013년 9월, S물산이 다음해 3월경에 창원에 S병원 제3관 공사 현장설명회를 한다는 정보를 입수했다. 당시 S병원은 토목공사가 진행 중이었다. 골조공사를 위한 현장설명회를 하기까지 6개월 이상 남았지만 우리는 바로 현장으로 달려가 사전조사를 시작했다. 그런 다음 S물산이 필요로 하는 골조공사를 위한 전문건설업체가 바로 태일씨앤티라는 점을 보여주기 위해 일주일에 한 번씩 창원으로 내려갔다.

우리는 반도체나 조선소, 자동차공장, 발전소, 병원 등과

창원 S병원 현장 조감도

같은 특수한 현장은 최저가 입찰제를 실시하지 않는다는 점에 주목했다. 그러므로 우리의 실력을 제대로 보여준다면 수주에 성공할 가능성이 있다고 판단했다.

당시 우리 회사는 지인개발(태일씨앤티의 전신)을 인수한 지 한 달밖에 안 된 상황이라 병원을 시공한 실적이 없었다. 하지만 나와 우리 팀이 이전에 근무했던 K사에서 서울대학병원을 시공한 경험이 있으며, S병원 건설에 필요한 특수공법을 보유하고 있다는 점을 강조했다. 무엇보다도 13,500개 전문건설업체 중에서 우리 회사는 상위 1% 기술자 비율이 높고 직원들의 평균 연령이 다른 업체보다 8년 정도 젊다는 점을 부각했다. 대개 전문건설업체의 경우 30~40%가 기술자인데, 당시 우리 회사는 70%가 건축, 토목, 안전 기술자였다.

그리고 우리는 S물산이 시뮬레이션을 하는 데 필요한 도움을 줄 수 있다는 점을 최대한 어필해 그들이 필요로 하는 것을 충족시켜 주었다. 전략적으로 수주하는 공사의 경우 시공사는 반드시 사전에 시뮬레이션 작업을 한다. 이때 시뮬레이션을 도와주는 업체가 있으면 업무에 매우 도움이 된다. 우리는 골조공사를 어떤 계획으로 어떻게 할 것이고, 원가가 얼마나 들며, 작업 인원은 몇 명이나 필요한지에 대한 시뮬레이션을 공사하기 6개월 전부터 해주었다.

이러한 끈질긴 노력이 S물산 현장소장과 공무팀장의 마음을 움직여 그들은 태일씨앤티가 S병원 건설 현장에 도움이 될 것 같다며 본사에 추천을 해주었다. 결국 우리는 S병원 수주에 성공했다. 병원 시공 실적도 없던 작은 규모의 회사가 1%의 가능성을 붙잡고 끝까지 노력한 결과 골조공사금액 250억 원가량의 대형 프로젝트를 맡게 된 것이었다.

S물산 협력체로 등록하다

공사 현장설명회에 초청을 받으려면 초청 자격이 되어야

한다. 실적도 많아야 하고 시공능력평가액이 일정 규모 이상이 되어야 한다. 시공능력평가액을 줄여서 흔히 '시평액'이라고 하는데, 각 업체의 시공능력을 평가하여 금액으로 표시한 것이다. 매년 7월 말 대한전문건설협회에서 공시한다.

시평액은 프로젝트 수행 가능 여부를 도급한도액으로 1차 평가를 한다. 공사를 할 수 있는 여력이 되는지를 숫자로 먼저 판단하는 것이다. 다음으로 그 기업이 시공 노하우가 있는지 여부를 2차로 평가한다. 유사한 프로젝트를 해본 경험치가 있는지, 도급액과 경험 실적, 그 회사의 재무구조 등을 종합평가해서 신용평가서가 나온다. 그다음 신용등급과 시평액이 나온다.

인원에 대한 평가는 전문건설협회 공제조합에서 하는데, 고급 기술자가 몇 명인지가 기술 평가 점수에 반영된다. 신용등급 판단은 이크레더블이나 나이스디앤비라는 신용전문평가기관에서 평가한 신용점수와 전문건설협회에서 해당사가 전년도에 공사한 실적으로 매출을 계산해 결정된다.

매년 4월 1군 건설사들이 신규 업체를 발굴하므로 우리는 S병원 공사를 따내기 위해 전 직원이 온 힘을 쏟았다. 그 결과 우리는 실적도 부족하고 시평액도 얼마 안 되었지만 당당히 S물산 협력체로 등록할 수 있었다.

일어날 문제의 소지를 미리 차단하다

S병원 건설 현장은 대부분의 건설회사가 기피하는 곳이었다. 당시 타워크레인노조 부울경 지부가 활동하기 시작했고, 콘크리트 타설 업체에 8/5제가 적용되고 있었다. 8/5제는 레미콘 믹서트럭 운전자들이 '저녁 있는 삶을 살자'는 취지로 레미콘 믹서트럭을 오전 8시부터 오후 5시까지만 운행하는 것으로, 공식적으로는 2016년 1월 처음 도입되었다. 하지만 부울경의 경우 2014년에 이미 시행 중이었다.

콘크리트를 타설하다 말고 5시에 퇴근해버리면 다음날 타설에 문제가 발생한다. 콘크리트 타설 시간이 다르면 '컨스트럭션 조인트(Construction Joint, 시공 이음매)'라고 먼저 타설한 콘크리트와 나중에 타설한 콘크리트 사이에 경계부가 생기는데, 이 부분은 강도에 차이가 나 이질감이 생겨 크랙(crack)이 가거나 물이 새기도 한다. 그러므로 타설을 할 때는 멈추지 않고 계속해야 안전성에 문제가 안 생긴다. 8/5제로 인해 타설이 멈추는 문제를 해결하려면 다른 곳에서 타설 장비를 들여와야 하는데, 지방의 경우 외부인의 장비가 들어오는 것을 꺼려한다. 특히나 창원 지역은 배타성이 강했다.

공사를 하려면 이런 리스크를 사전에 파악해 해결책을 준비해야 한다. 그런데 30분이나 1시간 정도 진행되는 현장설명회에 참석해 시공사의 설명만 듣고 공사에 참여하면 그런 리스크에 대한 비용이 원가에 전혀 반영이 안 된다. 공사를 진행하다 리스크가 발생해 원가가 올라갈 것 같으면 중간에 시공사로부터 추가예산을 편성해 증액을 받아야 하는데, 추가예산을 받는 과정이 쉽지 않다. 그래서 대개 수주한 업체가 고스란히 손해를 떠안게 되어 원가가 올라가 이윤이 적어지고 공기를 맞추기도 힘들어진다. 그 결과 공사 진행이 원만하게 되지 않아 시공사와 협력업체 둘 다 만족스럽지 못한 결과가 나타나곤 한다.

우리는 이런 문제를 방지하기 위해 공사 시작 6개월 전에 현장을 방문해 문제점을 파악한 다음, 원가를 계산할 때 이런 부분을 반영하지 않으면 도중에 예산을 증액해야 할 것이라고 시공사 측에 알려주었다. 담당 직원은 이런 점을 본사에 전달해서 당초 자신들이 예상했던 예산보다 증액을 받아서 무사히 공사를 진행할 수 있었다.

이처럼 우리는 늘 시공사가 생각하지 못하는 부분까지 사전에 예측하여 향후 일어날 문제의 소지를 없애주는 방식으로 일한다. 그래서 우리 회사와 클라이언트 간의 신뢰도가 높은 편이다.

감사패를 받다

S물산의 S병원 공사를 맡은 다음 우리는 안정적인 수익을 창출하기 위해 여러 차례 밸류 엔지니어링(VE, Value Engineering, 가치공학)을 했다. 밸류 엔지니어링은 최소의 비용으로 최대의 성과를 내기 위해 여러 가지 방법으로 원가절감을 하는 것을 말한다. 시공사인 S물산은 원가절감을 했을 경우 차액의 50%를 협력업체에 돌려준다. 예를 들어 100원이 들어가는 공사일 경우 밸류 엔지니어링을 해서 80원이 들어가면 그 차액인 20원의 50%인 10원을 협력업체에 주는 것이다.

S물산의 S병원을 지으면서 크고 작은 일이 발생하고, S물산의 당초 계획과 기타 간섭공정 계획에 오류가 있어 고생을 많이 했다. 그럼에도 불구하고 당초 공사 완료 예정일보다 앞당겨서 완성했다.

8/5제로 인한 문제는 현장에서 일하는 근로자들의 시간외수당을 150%씩 지급해줌으로써 해결하였다. 그리고 콘크리트 타설 문제는 하루 24시간 연속 타설하는 조건으로 우리 회사가 수억 원의 손실을 떠안았다. 대신 목수나 철근공, 콘크리트 기술자의 생산성을 높여 공기를 단축했다.

공기를 단축하면 인건비, 근로자 보험료, 관리비, 계약이

삼성창원병원장으로부터 받은 감사패

행보증 수수료 등이 절감된다. 그리고 마감공사를 하는 업체들이 문제가 있어 일이 멈추더라도 여유 시간이 있어서 복안을 가지고 대응해나갈 수 있으므로, 공사 전체 기간을 놓고 보면 앞부분인 골조공사의 공기가 단축되면 여러모로 유리하다. 이런 노력 덕분에 악재 속에서도 공기를 단축시킨 공로로 우리 회사는 2017년 6월 S병원장으로부터 감사패를 받았다.

세계 최고의
반도체 공장을 짓다

부족한 시평액을 뛰어넘다

S전자 반도체 공장 공사의 경우 시공에 참여할 수 있는 업체가 제한적이다. 반도체 공장 1기를 시공한 업체가 공사 진행 시 공정, 품질, 안전 평가 면에서 문제가 없어야만 2기, 3기를 계속할 수 있다. 한 번 공사를 시작할 때마다 4~5개사가 골조공사에 참여하는데, 그다음 공사를 시작하면 그중 2~3개사는 탈락하고 새로운 업체가 그 자리를 채운다. S전자에서 볼 때 퀄리티가 떨어진다고 판단되면 밀어내는 것이다.

그런데 우리는 1기부터 3기까지 계속해오고 있다. 우리 회사가 중도 탈락하지 않고 계속할 수 있었던 이유는 다른 회사와 차별화되는 점이 있기 때문이다.

2015년 4월, 1기 평택 S반도체 공장 수주를 받을 당시 우리 회사는 시평액 규모가 그다지 크지 않아 S반도체 공장 같은 대형 공사를 수주하기는 매우 어려운 상황이었다. 시평액 격차를 극복하기 위해 전 직원이 똘똘 뭉쳤다. 경쟁률은 5대 1이었다.

당시 태일씨앤티는 작은 회사였지만 우리가 가지고 있는 기술력과 직원들의 역량은 대규모 회사 못지않게 매우 우수했다. 이러한 강점을 잘 활용한다면 입찰금액을 최소화해도 이익을 낼 자신이 있었다. 과감하게 도전장을 내밀었고, 우리는 수주에 성공했다.

현장에 따라 기술 역량이 필요한 곳도 있고 관리 역량이 더 중요한 곳도 있다. 그리고 기술 역량을 갖춘 회사라 하더라도 관리 역량까지 갖춘 회사는 찾아보기 힘들다. 하지만 우리 회사는 기술 역량은 물론 관리 역량까지 뛰어나다. 공사의 성패는 관리자의 관리 역량에 좌우된다고 해도 과언이 아니다.

대부분의 건설 현장은 비가 오면 "아, 비가 오네. 오늘은 더 이상 일을 못하겠네."라고 말하면서 당연하다는 듯 하루 업무를 접는다. 어떤 이슈가 생겨서 오늘 할 일을 못하게 되면 대개 내일로 미룬다. 그러나 우리 회사는 오늘 비가 와서 일을 못해 하루가 밀리면 일주일, 열흘, 한 달, 일 년 뒤 손해를 본 이 시간을 어떻게 회복할 수 있을지 매일매일 추적 관리하고 리비전(revision)하면서 공정 계획을 세운다.

언제까지 끝나겠다는 최종 목표를 세웠다면 그 목표에 도달하기 위해 매일매일 상황을 점검해서 마감기일을 엄수한다. 오전 11시가 되면 현장소장 주관하에 소장과 관리자들이 모여 한 시간 동안 회의를 하며 오늘 오후 일과와 내일 오전 일과에 대해 논의한다. 그리고 현장에서 일하는 작업반(기술인)에게도 회의 내용이 잘 전달되어 일이 제대로 진행될 수 있도록 한다.

최소 입찰 금액에도 수익을 내다

2015년, 1기 반도체 공장 공사가 시작되었다. 반도체 단지의 총부지 면적은 289만㎡(87.5만 평)로 축구장 약 400개를 합친 것만큼 거대한 크기였다. 이 가운데 공장 부지는 79만㎡(23.8만 평)로 세계 최대 규모였다.

그런데 그 광활한 땅이 부지 정비가 전혀 안 되어 있었다. 길도 없어 마치 강원도 산간에서 공사하는 것 같았다. 비가

S전자 평택 1~2기 현장(3기 진행 현장)

S전자 평택 캠퍼스 조감도(1~3기)

오면 땅이 질척해져서 평지인데도 차량 진입이 안 되었다. 그러면 토목 공사하는 업체가 나서서 길을 닦았다. 퇴근 무렵이면, 차를 타면 10분밖에 안 걸리는 거리를 2시간 동안 사람들이 줄지어 걸어 나가는 진풍경이 펼쳐질 만큼 공사 환경이 열악했다.

공사 환경만 열악한 게 아니었다. S전자의 안전관리 수준은 너무 엄격해 이를 맞추기가 쉽지 않았다. 까다롭기로 이름 높은, 2021년 1월 26일 제정된 중대재해처벌법[1]을 상회하는 수준이었다. 우리나라의 경우 OECD(경제협력개발기구) 회원국 중 산업재해 사망률 1위일 정도로 산재 사고로 목숨을 잃는 사람이 많다. 고용노동부가 발표한 산업재해 사망 통계에 따르면 2020년 산재 사고로 882명의 노동자가 숨졌다고 한다. 기존의 산업안전보건법은 안전보건 규정을 위반한 경우에만 처벌을 받았는데, 중대재해처벌법은 중대한 인명 피해를 주는 산업재해가 발생했을 때 사업주에 대한 형사처벌을 강화하는 내용이 핵심으로, 산업안전보건법보다 훨씬 더 강력한 법이다.

S전자의 안전관리 기준을 맞추려면 다른 현장에 비해 관리자가 30% 더 필요했고, 기술인의 역량도 뛰어나야 했다.

---

1 중대재해처벌법은 2022년 1월 27일부터 단계적으로 시행될 계획이다.

S전자 평택 154kv 현장

S전자 평택 물류센터 현장 전경

당시 안전관리에 관련된 서류(작업 절차서)를 갖추는 일도 만만치 않았다. 일일작업허가서를 전날 3시까지 작성해서 시공사에 보고해야 했다. 지게차, 화물차, 펌프카 같은 장비 사용허가서도 일반 현장보다 2배 이상 더 필요했다. 장비의 연식도 중요한 기준 중 하나였다. 5년 이상 된 장비는 사용하면 안 되었고, 장비 초음파 검사를 정부 검사기관에서 받아 결과서를 제출해야 했다.

그러다 보니 예상치 못한 지출이 늘어나면서 원가가 올라갔다. 높은 부대비용을 고려하지 않고 공사 규모만 보고 입찰에 뛰어들면 오히려 손실이 날 수도 있다는 점을 늘 명심해야 한다. 우리는 원가를 절감할 최적의 방안을 찾기 위해 매일 머리를 맞대고 회의를 했다. 남들이 100원에 하는 걸 95원에 하기 위해 현장을 운영하는 역량을 연구하고 개발하고 고민했다.

적시생산방식(JIT, Just in Time)을 적용해 자재를 쌓아두지 않고 적시, 즉 필요한 시간에 자재를 공급하고 장비를 배치했다. 그리고 투입 인원을 최소화하기 위해 적정한 공법을 연구하고 사전 준비 작업에 주력했다. 그 결과 작업 시간 동안 최소로 이동하고 생산성을 최대로 올릴 수 있는 방법을 찾아냈고, 최소 입찰 금액에도 불구하고 우리는 수익을 낼 수 있었다.

S전자 평택 CT동 현장 : 페리 바리오 지티 24 벽체 거푸집 시스템 사용

S전자 평택 CT동 현장 : 페리 트리오 패널 거푸집 시스템 사용

2기, 3기를 계속 짓다

2기는 1기보다 1.5배나 규모가 크고 입찰을 하지 않고 수의계약으로 진행되었는데, 우리 회사는 1기 때 S전자가 생각했던 것보다 일을 더 잘했다는 평가를 받아 2기 공사에도 참여하게 되었다. 그리고 2기 공사를 진행하면서 3기도 함께 진행하고 있다. 3기는 S전자가 협력업체 선정 객관성을 높이고 원가를 절감하기 위해 공개입찰을 했지만 이번에도 우리는 입찰에 성공했다.

S전자 반도체 공장 공사로 매출액이 늘면서 우리 회사의 재무구조가 탄탄해지고 자연스레 신용등급도 향상되었다. S전자 반도체 공장 공사는 우리 회사 매출액의 40% 정도를 차지하고 있다. 그리고 무엇보다 태일씨앤티의 기술력과 관리 역량을 외부에서 인정받을 수 있게 되었다. 2013년 창업 당시 20명으로 시작한 직원은 2021년 현재 4배 규모로 늘었다.

태일씨앤티는 S전자로부터 반도체 공장 건설 후발주자지만 선발주자와 달리 신선하고 합리적이라는 평가를 받는다. 다른 회사들은 대개 그동안 일해온 방식을 고수하는데 우리 회사는 더 나은 방법을 도출하기 위해 매일매일 고민하기 때문이다. 그런 노력의 결과 S전자 반도체 공장을 1기부터 3기까지 짓고 있다. 또한 2021년 4월 26일 S엔지니어링 창립 51

주년 기념식에서 공로패를 받았다. 그동안 우리가 원가절감, 안전관리 기준 준수, 생산성 극대화를 위해 고민하며 고생했던 시간들에 대해 인정받았다는 자부심과 태일씨앤티가 세계 최고의 반도체 공장을 설립하는 데 일익을 담당했다는 뿌듯함을 느낄 수 있었다.

다른 회사와
같은 길을 가지 않는다

위에서 아래로, 아래에서 위로

건물을 지을 때 대부분 지하층, 지상 1층, 2층, 3층… 단계별로 올라가며 짓는다. 하지만 우리 회사는 이와 반대로 위에서 아래로 짓는 '탑다운(Top Down)' 공법을 선호해 공사 현장의 80% 정도가 탑다운 공법으로 시공된다.

탑다운 공법은 그라운드 레벨(평지, 1층)을 기준으로 지하 1층을 파서 공사한 다음 지하 2층을 파서 공사한 후 지상의 하중을 받을 만한 상황이 되면 다시 1층부터 위로 순차적으로 올라가며 짓는 방식이다. 간단하게 말해 지하와 지상을

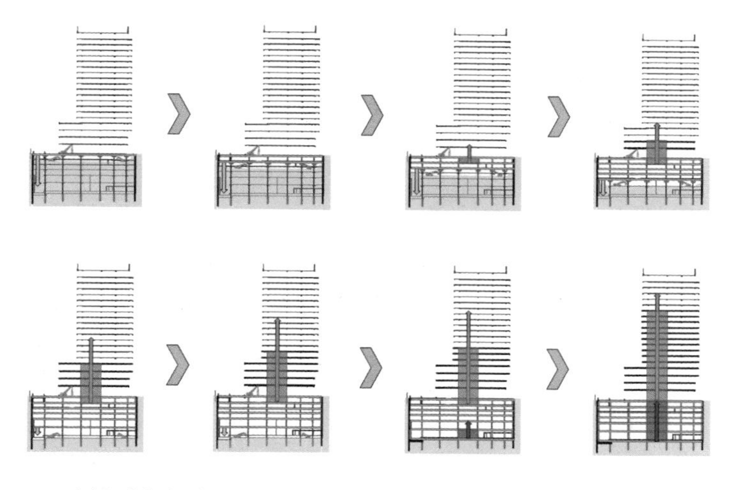

탑다운 현장 시공 순서

동시에 시공하는 공법이다.

공사 현장 주변에 건물이 가까이 있을 경우 지하 5층까지 파내려가는 터파기 공사를 하면 인접 건물이 영향을 받아 붕괴될 위험이 있어 어스앙카(Earth Anchor, 사선관)에 콘크리트 액을 부풀려 붕괴를 막아야 하는데, 인접 건물과의 거리가 좁으면 어스앙카를 넣을 수 없어 탑다운 공법으로 공사를 하는 게 좋다. 탑다운 공법을 이용하면 벽을 만들며 파내려가므로 전도(顚倒), 즉 엎어져 넘어지거나 침하(沈下)가 되지 않게 방어를 할 수 있다. 그리고 공사 여건상 탑다운 공법으로 할 수 밖에 없는 현장의 경우 '온통터파기' 방식의 문제점이나 보완

탑다운 방식으로 진행하는 가산동 지식산업센터 현장

점을 파악한 다음 밸류 엔지니어링을 해서 시공사에 제안해 온통터파기 방식을 탑다운 공법으로 바꾸기도 한다.

반면 탑다운 공법은 여러 가지 장점이 많은 공법이지만 지하층 공사가 완벽하게 상부의 하중을 버틸 수 있을 만큼 지내력(地耐力)[2]이 강하지 않은 상태에서 지상층 공사를 계속하면 침하가 되거나 건물이 전도될 수 있다는 단점이 있다. 그리

2 지반이 구조물의 압력을 견뎌내는 정도.

탑다운 방식으로 진행하는 G건설 여의도 브라이튼 서울 현장

고 공사 현장에서 솟아나는 지하수를 막는 차수(遮水)공법이 중요하다.

이러한 탑다운 공법은 우리 회사만 쓰는 공법이 아니라 이미 대중화되어 있는 공법이다. 그런데 비용이 많이 들고 시공이 난해하고, 그런 공사를 해본 전문 인력을 섭외하기가 어려워 다른 회사들은 그다지 선호하지 않는다. 하지만 탑다운 공법을 이용하면 초기 비용은 많이 들지만 지하와 지상을 동시에 시공할 수 있어서 공기가 단축되므로 결과적으로 비용

S물산 우면동 R&D센터 : 테이블폼 사용

S물산 우면동 R&D센터 : 페리 RCS 클라이밍 시스템 사용

S물산 판교알파돔 코아선행 ACS(Self-Climbing System)

이 줄어든다.

우리 회사는 예전부터 탑다운 공법을 이용한 공사를 많이 해왔으므로 전문 인력이 충분하고 많은 경험치와 노하우를 갖고 있다. 그리고 탑다운 공법을 사용하는 업체가 적어 경쟁력을 확보할 수 있으므로 다른 회사에 비해 높은 부가가치를 올릴 수 있다.

대신 탑다운 공법을 사용할 때는 굉장히 세심한 부분까지 미리 계획을 치밀하게 세워야 한다. 2019년 S물산이 수주한 판교 알파돔 공사의 경우, 공사 1년 전부터 도면을 검토하고 현지조사를 통해 인력 수급은 어떻게 하고, 어떤 자재와 공법을 사용할지 고민했다. 당시 우리 옆에서 공사하던 H사보다 한 달 늦게 골조공사를 시작했지만 우리 회사가 한 달 먼저 완료했다. 공사기간을 두 달이나 단축한 셈이었다.

늦게 시작했는데도 빨리 끝낸 데다 마감공사를 할 때 시간적 여유도 있어서 일거양득인 셈이었다. 태일씨앤티가 가지고 있는 풍부한 탑다운 공법 노하우와 사전에 세운 치밀한 계획이 이루어낸 훌륭한 성과였다.

우리만의 특화된 공법 개발

탑다운 공법을 사용하는 현장은 대부분 철재 빔을 많이 사용하는데 철재 빔은 무거워서 움직이는 데 시간이 많이 걸리고 안전사고가 날 위험이 크다. 게다가 비용도 많이 든다. 그래서 늘 철재 빔을 대신할 만한 게 없나 고민을 했다. 그러다

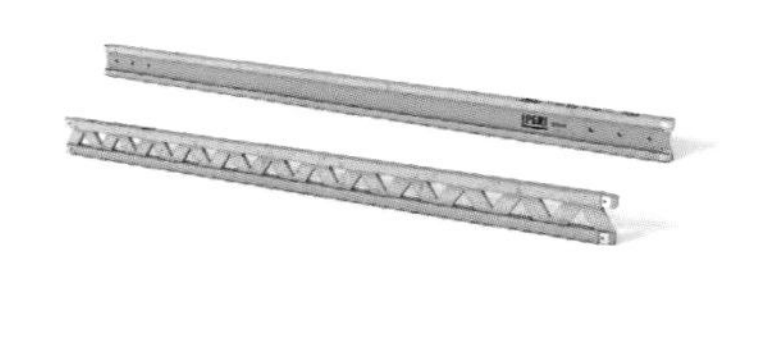

폼워크(Formwork) 거더 / 슬래프 거푸집 테이블폼

G건설 여의도 브라이튼 서울 현장 공사 전경

독일의 페리사에서 목재로 만든 거더(girder)에 관심을 갖게 되었다. 거더는 기둥과 기둥 사이를 잇는 수평부재이다.

페리사는 나무를 강물에 불리고 스팀으로 찐 다음 도료를 발라서 강하게 만든 각재를 사용해 거더를 만들기 때문에 페리 거더는 하중 지지력이 높고 스틸과 유사한 고강성을 자랑했다. 그리고 도브테일 조인트(dovetail jointing) 방식의 견고한 구조로 접합되어 있고 내습 구조라서 습기에 매우 강했으며, 격자 구조를 이용해 다양한 부속 자재와 연결하기도 쉬웠다. 현장에서 페리 거더를 사용해보니 철재 빔보다 훨씬 가벼워서 옮기는 시간이 줄어들고 사고 위험도 감소했다. 그 결과 인건비가 줄어들었고 가격도 저렴해 자재비를 절감할 수 있었다.

페리 거더는 일반적으로 지상층 오피스 건물에 사용하던 제품이었는데, 우리는 용도를 바꾸어 지하층에 최초로 사용하였다. D사 안양 호계동 현장에 'KY Table'이란 이름으로 지하 탑다운 공법에 적용해 획기적인 원가절감과 공기단축을 이루어냈다.

그리고 분당 미켈란쉐르빌 공사를 할 때는 오토 클라이밍 시스템(auto climbing system)을 최초로 도입해 아파트 한 개 층을 4일 만에 올린 놀라운 기록을 가지고 있다. 일반적으로 타워크레인으로 거푸집을 설치하는데, 바람이 많이 불면 인양

분당 미켈란쉐르빌

을 못하고 사고가 날 위험이 높다.

하지만 오토 클라이밍 시스템을 이용해 타워크레인 없이 거푸집을 인양했다. 오토 클라이밍 시스템은 중앙에 모터를 달아서 리프트 원리를 이용해서 위로 올리는 방식이므로 바람이 불거나 비가 와도 전도될 위험이 없다. 이 시스템은 앞서 말한 목재 거더를 만든 독일 페리사가 개발한 기술을 국내에 도입한 것인데, 안전하고 편리한 대신 비용이 많이 든다는 단점이 있다. 그러나 10개월 걸릴 공사를 8~9개월 만에 끝내면 공기가 단축되어 관리비와 인건비가 줄어들고, 마감공사가 빨리 할 수 있으므로 시공사의 만족도가 높다.

이처럼 우리는 남들이 흔히 사용하는 일반적이고 정형화된 공법이 아닌 우리만의 특화된 공법을 개발하고자 항상 고민한다. 그래서 우리와 일하는 시공사들은 태일씨앤티를 남들이 가지 않는 길을 개척해나가는 독특한 회사라고 말한다.

발상의 전환으로 원가를 절감하다

현장 기술자와 협력업체의 합작품

사람들은 대개 늘 해오던 익숙한 방식으로 일하는 걸 선호한다. 새로운 방식으로 일하면 불편하기 때문에 예전에 했던 방식을 그대로 답습하는 것이다. 기존 방식에 대해 의구심을 품거나 더 나은 방법을 찾으려는 시도를 하지 않는다. 그런데 이런 생각을 조금만 바꾸면 작업시간을 단축하고 원가를 절감할 수 있는 방법들을 찾을 수 있다. 다시 말해 발상을 전환하는 것만으로 획기적인 제품이 나오기도 한다.

2014년 8월 거제도 장평 종합복지관 체육시설을 만들 때 우리 회사는 그동안 세로로만 사용해오던 유로폼을 가로로 사용해보았다. 대개 벽을 만들 때 유로폼 두 개를 연결해서 거푸집으로 사용한다. 당시 공사를 하던 현장 기술자가 이 방식을 처음 고안하였다. 우리는 자재 업체에 유로폼을 슬래브(가로)로 사용할 수 있게 연결하는 십자 조인트바(jointbar)를 만들어달라고 요청했다. 그 결과 슬래브에도 사용할 수 있는 연결장치(결속장치)가 개발되었다. 판을 미리 만들어놓고 십자 조인트 바로 연결한 것인데, 이 방식을 사용하면 거푸집 동바리[3]를 반으로 줄일 수 있어서 자재비가 절감된다.

현장 기술자와 협력업체가 함께 이루어낸 합작품이었다. 이 방식을 적용해 장평 종합복지관 체육시설 공사 원가를 절감할 수 있었다. 이후 다산 진건 힐스테이트 아파트 주차장 공사에도 이 방식을 적용해서 원가를 대폭 절감했다. 그 덕분에 현장소장으로부터 표창장을 받기도 했다.

끊임없이 노력하는 혁신기업

유로폼을 슬래브에 사용한 것은 세로로 사용하던 걸 가로

3 비계기둥이나 지주의 간격을 유지하고 기둥이 흔들리지 않게 하는 수평 연결재를 말한다.

슬래브거푸집에 유로폼을 적용해 원가를 절감한 다산 진건 힐스테이트 현장

슬래브폼 조인트바를 사용한 다산 진건 힐스테이트 현장

로 사용하면 어떨까 하는 발상의 전환에서 비롯되었다. 뭔가 거창한 기술이 필요한 게 아니었다. 십자 조인트 바라는 연결장치를 추가한 것일 뿐이었다. 십자 조인트 바가 원가절감에 매우 효과적이어서 상품화하기 위해 특허를 낼 계획을 세우기도 했지만 진행하다 중도에 그만두었다. 건설업체가 자재에 특화된 공법으로 사업을 영위하는 게 바람직하지 않은 것 같다는 생각이 들었기 때문이다. 대신 실용신안 등록을 해 이것으로 2015년 11월 벤처기업 인증을 받았다.

벤처기업 인증을 취득하면 소득세와 법인세 감면을 비롯한 각종 세제 혜택을 받고, 건설회사 ISO(국제표준화기구) 인증과 특허에 준하는 혜택도 받을 수 있다. 기술혁신형중소기업에 부여하는 이노비즈 인증을 받아도 여러 가지 이점이 생긴다. 이런 인증들이 있으면 시공사가 전문건설업체를 모집할 때 가점을 받을 수 있다. 인증이 없으면 협력업체 등록을 받아주지 않는 시공사도 있다.

그리고 신용보증기금과 기술보증기금에서 평가를 받을 때 가점을 주므로 보증한도가 확대된다. 이런 여러 가지 혜택 때문에 대부분의 기업이 벤처기업 인증이나 이노비즈 인증을 받으려고 한다. 또한 벤처기업 인증을 받으면 혁신기업이라는 증거가 된다.

실험 정신으로 무장하다

아마존의 버너 보겔스 최고기술책임자는 '스트롱코리아 포럼 2019' 기조 연설에서 다음과 같이 말하며 뭐든 해보라며 실험 정신을 강조했다.

"효율성과 낭비를 따지면 혁신에 실패합니다. 실험실 같은 기업이 살아남습니다."

그리고 몰입 전문가 서울대 황농문 교수는 《몰입》이란 책에서 다음과 같이 말했다.

"1분밖에 생각할 줄 모르는 사람은 1분 걸려서 해결할 수 있는 문제밖에 못 푼다. 60분을 생각할 수 있는 사람은 그보다 60배나 난이도가 높은 문제를 해결할 수 있으며, 10시간을 생각하는 사람은 그보다 600배가 난이도 높은 문제를 해결할 수 있다. 하루에 10시간씩 10일을 생각하는 사람은 6,000배의 난이도까지, 100일을 생각하는 사람은 6만 배의 난이도까지 해결할 수 있다."

태일씨앤티도 실험 정신으로 무장하고 혁신을 멈추지 않

고 앞으로 나아갈 계획이다. 그리고 6만 배의 난이도까지 해결할 수 있도록 1분이 아닌 100일 동안 생각하는 자세를 늘 유지하도록 노력하고자 한다.

남들 다 하는 것 말고
내가 잘하는 걸 하라

구조물 공사가 어렵다고?

우리나라 사람들은 다른 나라에 비해 아파트에 거주하는 걸 선호한다. 그러다 보니 건설사들도 아파트를 주로 짓는다. 아파트의 경우 동일한 모양으로 위로 쭉 올라가는 형태라서 복잡한 구조물에 비해 짓기가 수월한 편이다. 아파트를 짓는 건설업체들의 실력도 거의 비슷한 수준이다.

그래서 정형화된 아파트 공사는 대부분의 건설사들이 쉽게 접근할 수 있는 레드오션이라서 경쟁이 치열하므로 공사를 해도 마진이 그다지 크지 않다. 이 점이 바로 아파트 공사가 갖고 있는 리스크이자 약점이다.

모든 일에는 강점과 약점이 있는데, 나는 항상 어떤 일을 선택할 때 강점이 강한 일을 주로 고른다. 그래야 나의 강점이 돋보이기 때문이다. 남들 다 하는 일반적인 아파트 공사, 즉 레드오션 시장에 뛰어들어서는 이익을 내기가 힘들다는 판단이 들었다.

그래서 일이 까다로워 다른 업체들은 꺼려하는 블루오션 시장에 도전해서 능력을 발휘해보기로 했다. 남들이 가는 쉬운 길보다는 우리 회사만의 비전을 가지고 구성원들과 함께 새로운 길을 개척할 뜻을 품었다.

3일 만에 한 사이클을 끝내다

내가 찾은 블루오션 시장은 구조물 공사였다. 구조물 공사는 일이 까다롭다는 리스크가 있어 쉽사리 뛰어드는 업체가 별로 없다. 아파트는 한번 세팅되면 똑같이 올라가지만 구조물은 여러 층이 세팅되어야 하므로 공사가 까다롭다. 어떤 경우에는 2개 층 올라가고 바뀌고, 다음 층에서 또다시 바뀐다. 특히 공장은 더 자주 바뀐다.

그래서 대부분의 업체들이 구조물 공사는 까다롭고 어려

워서 진입 장벽이 높다고 하는데, 달리 생각해보면 습관의 문제라고 볼 수도 있다. 우리가 아침 점심 저녁 하루 세끼를 먹는 것도 습관이고 하나의 사이클이듯, 건물을 짓는 공사도 마찬가지다. 현장 인원들이 구조물 공사에 대한 개념을 정확히 습득하면 그렇게 어려운 과정은 아니다.

기초 공사가 끝나면 지하 주차장을 어떤 사이클로 끝낼 것인지, 1층은 어떤 사이클로 끝낼 것인지 등 사이클의 연결만 잘하면 된다. 우리 회사는 한 층 만드는 데 열흘 정도 걸릴 일을 일주일 만에 끝내고, 더 효율적으로 연결해서 3일 만에 한 사이클을 마무리하기도 한다. 물론 3일 만에 한 층을 끝내기는 쉽지 않다. 하지만 우리는 그걸 해낸다.

사이클을 잘 연결하면 공사기간이 굉장히 빨라진다. 한 사이클만 정확히 궤도에 올려놓으면 무리 없이 완성시킬 수 있다. 공사비용의 가장 많은 부분을 차지하는 게 인건비인데, 공사기간이 단축되니 원가가 굉장히 절감된다. 어렵더라도 항상 한 사이클, '자재+인원+장비+시간'을 적정하게 분배하면 최대 성과를 낼 수 있다. 이처럼 우리 회사는 구조물 공사의 리스크를 효율적인 시스템을 통해 없애버림으로써 태일씨앤티만의 노하우를 쌓아가고 있다.

습관의 문제

일반적으로 공사를 할 때 아침에 목수가 일을 시작해서 일이 끝나면 바로 철근 작업이 붙어야 하는데, 이런저런 준비작업을 하느라 2~3시간을 어영부영 보내는 경우가 많다. 하지만 우리 회사는 다르게 일한다. 목수 일이 끝나면 철근을 바로 얹을 수 있게 전날 자재를 미리미리 준비해둔다. 사실 자재를 갖다 놓는 시간은 별로 많이 걸리지 않는다. 그런데 결과에 있어서는 굉장히 큰 차이가 나타난다. 적재적소에 필요한 자재를 다 준비해두었기 때문에 중간에 공정이 비는 시간 없이 차례로 착착 진행되기 때문에 진행 속도가 매우 빨라진다.

비단 목수 업무와 철근 업무 사이에만 이런 일이 발생하는 것은 아니다. 여러 업무들 사이에 눈에 잘 띄지 않는 로스(loss)가 많다. 일이 돌아가는 사이클 사이에 숨어 있는 로스를 찾아 없애면 일주일짜리 사이클을 절반 이하로 줄일 수도 있다. 그러면 그만큼 공사기간, 즉 공기가 단축되어 원가가 절감되고 수익이 늘어난다.

그런데 왜 다른 업체는 로스를 줄이기 위해 노력을 안 할까? 타성에 젖어 늘 하던 습관대로 일하기 때문이다. 조금만 치밀하게 살펴보고 고쳐나가면 엄청난 비용을 절감할 수 있는데 이런 걸 간과한다. 이런 부분이 다른 회사에겐 리스크로 보이지만 내겐 기회로 보이기 때문에 두 번 세 번 체크해서 고쳐나간다.

불필요한 손실이나 쓸데없이 낭비하는 시간을 찾아서 채우는 것들은 특별한 기술이 필요한 게 아니다. 문제가 뭔지 미리 살펴서 준비만 하면 된다. 그런데 다들 오랫동안 일해온 익숙한 시스템을 고수한다. 그리고 경영자 입장에서는 그동안 해오던 시스템을 안 바꿔도 수익이 나므로 굳이 더 나은 방법을 찾으려고 애쓰지 않는다.

사실 예전에는 건설 경기가 좋았기 때문에 그렇게 해도 충분한 수익이 났으니까 일일이 따져가며 일할 필요가 없었다. 하지만 건설 경기가 하락세에 접어들면서 이제는 시스템을 바꾸지 않으면 살아남기가 힘들어졌다. 우리 회사는 남보다 앞서 기획했고 발 빠른 판단으로 새로운 시스템을 구축해 원가를 절감하고 공기도 단축할 수 있었다.

현장소장은 최고의 영업자다

사람과 합을 맞춰라

건설업체들 중에는 유능한 현장소장과 함께 일하기 위해 외부에서 현장소장을 영입하는 경우가 많다. 그러면 실력은 좋을지 몰라도 회사 방식이 아닌 본인만의 노하우, 본인 방식대로 일하는 경향이 강해서 일하다 조직과 안 맞으면 떠나는 경우가 많다. 그런데 우리 회사 현장소장들은 대부분 사내에서 과장, 차장, 부장을 거쳐서 차근차근 교육을 받으며 현장소장으로 성장한 이들이다. 그래서 우리 회사 현장소장은 다른 회사 현장소장과 다른 점이 많다.

우리 회사에 오래 근무해서 실력을 쌓다 보면 현장소장을 할 기회가 온다. 최근에도 차장급 두 명을 현장소장으로 진급시키기 위해 열심히 교육을 하고 있다. 기존의 현장소장을 지켜보면서 현장소장으로서 갖춰야 할 자질은 무엇인지 앞으로 무엇을 준비해야 할지 느껴보라고 말한다. 그리고 현장소장은 매일매일 어떤 준비를 하고 있는지 살펴보고 그 사람이 갖고 있는 장점과 자신의 단점을 생각해본 다음, 장점은 부각하고 단점을 없애고 본인의 생각을 준비하라고 강조한다.

태일씨앤티의 시공 능력은 현장소장에게 달려 있다

현장에서의 리더는 회사 대표가 아니라 현장소장이다. 현장소장은 공사 현장을 지휘하면서 어떤 상황에 어떤 것들이 필요한지 본인이 스스로 판단해야 하는 경우가 생긴다. 다시 말해 회사 대표처럼 본인이 중요한 의사결정을 내려야 한다. 그래서 현장소장 대상자가 되면 현장소장이 될 만한 자격이 충분히 갖춰졌는지 확인할 필요가 있다.

아직 충분한 준비가 안 되어 있다면 서포트를 해준다. 어떤 공사 현장이 생기면 현장소장 대상자 두세 명에게 현장에 투입되기 전에 미리 해당 공사를 시뮬레이션해서 어떤 자재를 가지고 어떤 공정, 어떤 공법으로 언제까지 일을 끝내겠다는 시공계획서를 짜보게 한다. 이 시공계획서를 임원과 PM(Project Manager) 앞에서 프레젠테이션을 하게 한다. 거기서 나온 결과를 보고 해당 현장의 소장으로 적합한지 여부를 판단한다.

나를 비롯해 우리 회사 임원들은 수십 년간의 현장 경험을 가지고 있으므로 이런 노하우를 후배들에게 충분히 알려준다. 예를 들어 자재 판단을 잘못할 경우에는 "이 현장에선 테이블폼(Table Form)을 쓰면 전도사고가 난다. 위험하니 테이블폼은 재고해봐라. 다른 자재를 충분히 쓸 수 있다."는 식으로 수정해준다.

그리고 현장소장은 함께 일하는 사람과 합이 잘 맞아야 한다. 여기서 사람은 내부적인 직원뿐만 아니라 외부 인력도 포함된다. 나는 현장소장을 어린 나이에 시작했으므로 그동안 나와 함께 일했던 사람들이 매우 많다. 그 가운데 손꼽을 정도로 일을 잘하는 사람들의 리스트(인적사항)를 가지고 있는데, 그 리스트에는 단순하게 이름이나 어떤 일을 하는지가 적혀 있는 게 아니다. "A는 계단을 매우 잘 까는 목수다."라는 식으로 영역별로 어떤 강점을 지니고 있는지 실력까지 정리되어 있다. 참고로 목수의 경우 계단을 깔 줄 아는 사람이 베스트다. 다시 말해 거푸집을 댈 줄 아는 사람이면 최고로

쳐준다. 일반적인 기둥은 사이즈가 정해져 있어서 폼으로 씌우기만 하면 되므로 크게 어렵지 않지만, 계단은 사이즈를 정확히 맞춰야 하기 때문에 계산을 잘해야 하는데 이런 목수는 많지 않다.

이처럼 오랜 경험과 노하우를 바탕으로, 현장소장 대상자가 각 공정마다 적합한 사람을 선택할 수 있도록 검증해주고, 중간에 문제가 생기면 교체를 해주거나 방향을 틀어주기도 한다. 예를 들면 "남대문 호텔 현장에서 철근 일을 했는데 B가 일을 아주 잘했다. 자기 원가를 맞췄던 친구니 그럼 이번에도 B와 함께 일하자."라고 말해준다.

시공계획서 프레젠테이션은 1시간 정도 걸리는데, 이를 위해 보통 일주일에서 열흘 정도의 준비 시간을 갖는다. 그 시간 동안 본인이 시공계획서를 만들면 사전에 담당 PM이 점검을 한 다음 발표를 한다. 프레젠테이션을 보고 PM과 임원들이 적합도 점수를 결정하는데, 동점이 나올 경우에는 대표인 내가 최종 결정한다.

이런 방식으로 현장소장을 키우기 때문에 태일씨앤티의 현장소장은 어느 현장에서든 일 잘한다는 소리를 듣는다. 단지 일을 잘할 뿐만 아니라 탁월한 성과를 낸다. 그래서 우리 회사는 다른 업체보다 수익률이 높을 수밖에 없다. 그리고 일반 사원도 우리 회사에 오래 근무해서 실력을 쌓으면 현장소장이 될 수 있다는, 자신의 업에 대한 비전을 가질 수 있다.

우리 회사는 공사 수주를 위해 별도의 영업을 하지 않는다. 나는 늘 "현장소장이 최고의 영업자"라고 말한다. 어떻게 일해서 어떤 결과가 나오는지, 다시 말해 태일씨앤티의 시공능력은 현장소장에게 달려 있다. 올바른 시스템을 갖추고 현장소장이 공정을 주관해서 문제점을 체크해 직원들에게 피드백해주면서 원하는 공정과 품질을 안전한 현장에서 이루내면 그것으로 영업은 끝이다. 이처럼 현장이 말해주므로 태일씨앤티와 함께 일해본 원청사는 태일씨앤티와 계속 함께 하기를 원한다.

하루 세 번
현장을 점검하다

신입사원 현장 점검과 소장단회의

우리 회사에 신입사원이 들어오면 정기적으로 현장을 점검한다. 신입사원의 경우 이론만 알지 실제 시공에 대해서는 모르므로 현장에서 직접 일하는 모습을 보면서 왜 우리 회사는 탑다운 공법을 선호하는지, 다른 회사의 경우 시공 과정에 어떤 문제가 있는지 등을 교육시킨다. 2021년에는 코로나19 때문에 못했지만 2020년까지는 3개월에 한 번씩 교육을 해 왔다.

그리고 한 달에 한 번 기사, 대리, 과장, 소장이 참여하는

판교 알파돔 현장소장단회의

소장단회의를 진행한다. 다 함께 현장을 순회하면서 그 현장에서 사용하는 공법의 특징과 본인이 느낀 문제점 등을 발표한다. 그 과정을 통해 자신은 느끼지 못한 현장소장의 다양한 의견을 들을 수 있다. 그리고 문제점을 해결하기 위해 어떻게 대응하는 게 좋을지 다양한 대책까지 나온다.

공장 시설 공사를 주로 해본 사람은 공장에 대해서만 잘 알고 병원 공사를 해본 사람은 병원에 대해서만 아는 경우가 많다. 하지만 내가 접해보지 않은 현장에 갑작스레 가게 갈 수도 있다. 다양한 현장을 방문해 미리 익혀두면 언제 어느 때라도 자신 있게 임할 수 있다.

숭인동 오피스텔 현장 점검

실무를 익혀야 오류가 줄어든다

한번 20~30명이 현장 패트롤을 하면 작업이 잠시 중단되므로 현장에서 일하는 실무자들의 볼멘소리가 나올 수도 있다. 사실 소장단회의 현장 패트롤 때문에 마감이 하루가 늦어질 수도 있으니 해당 현장 실무자들이 불만을 갖는 것은 당연하다. 그래서 대부분의 회사에서는 이런 패트롤을 하지 않는다.

하지만 현장 패트롤을 해야 직원들이 성장할 수 있고, 실무를 제대로 익혀야 오류를 최대한 줄일 수 있다. 그리고 현장 직원들이 느끼지 못하는 리스크나 위험 요소를 제3자의 견해에서 객관적으로 지적해줄 수 있다. 단편적으로 보기엔 손해가 맞지만 좀 더 멀리 내다보면 결국 본인은 물론 회사 성장에도 도움이 된다.

완벽 시공을 위한 철저한 패트롤

현장 패트롤을 통해 잘못된 부분을 지적해줄 뿐만 아니라 내가 볼 때는 저렇게 하는 것보다 이렇게 하는 것이 좋겠다는 식의 조언도 해준다. 일반적으로 원가와 수익을 계산할 때 그래프가 S커브를 그려야 한다. 차츰 상승하다가 어느 단계에 이르면 수평하게 간다. 그런데 너무 완만하거나 상승곡선이 나와야 하는 단계인데 너무 수평하게 간다면 뭔가 잘못되고 있다는 얘기다. 자금을 잘못 지출하는 게 있거나 팀원들의 생산성이 떨어지는 게 원인일 수도 있다.

예를 들어 아파트 공사의 경우, 특정 층마다 정해져 있는 수익구조가 있으므로 너무 올라가거나 너무 내려가면 문제가 있는 것이다. 일반적으로 지하층 공사를 할 때는 수익성이 안 좋지만, 지상 6~7층 정도 올라가면 수익구조가 쭉 올라간다. 세팅이 돼서 한창 손발이 잘 맞으므로 수익성이 극대

현대백화점 신사옥 현장 안전 점검

화되는 지점이기 때문이다. 그때는 상승곡선이 그려져야 한다. 그러다 다섯 개 층 정도 남은 시점이 되면 수익구조가 나빠진다. 34평형 4세대로 구성되어 올라가다 50평형 2세대로 나눠지므로 구조변경을 해야 하고, 탑층의 경우 3미터이던 층고가 5미터로 변하게 되어 수익구조가 안 좋아진다. 그때 돈을 다 까먹는 공정이다.

우리 회사는 그동안 축적해놓은 데이터를 통해 해당 현장의 원가를 판단해본 뒤 원가가 많이 들 것 같다는 판단이 들면 소장단회의 때 현장 직원에게 조언을 해준다. 불편하고 번거로워도 이런 과정을 통해 원가를 절감하고 리스크를 사전에 제거함으로써 완벽시공을 할 수 있게 된다.

이런 단체 점검 외에 매일매일 현장 자체적으로 하는 점검도 중요하다. 내가 현장소장을 했을 때는 항상 하루 세 번 현장 패트롤을 했다. 현장에 다 같이 모여 아침 체조하고 한 번, 점심 먹고 한 번, 퇴근하기 전에 한 번. 이렇게 세 번 점검해서 내 눈으로 확인된 것만 믿었다. 말로 하는 것은 그 누구의 말이라도 믿지 않았다. 확인을 정확하게 해야 작업 지시도 정확하게 할 수 있기 때문이다. 그래서 지금도 나는 현장소장들에게 늘 하루 세 번 현장 점검을 하라고 지시한다.

입찰 99.9%
승률의 비밀

경쟁업체에 대한 철저한 분석

누가 내게 남보다 뛰어난 능력을 하나 말해보라고 하면 나는 '경험에 의한 예지 능력'을 들 것이다. 그 능력 덕분에 그동안 공사 입찰 시 낙찰 성공률이 매우 높았다. 어떤 때는 낙찰가에 99.9% 근접한 금액까지 맞춰봤다. 어떻게 이런 일이 가능할까?

대개 공사 입찰을 하면 적게는 3~5개, 많게는 7~10개 업체가 참여한다. 우선 참여 업체 명단을 살펴본 다음 업체들의 상황을 면밀히 분석한다. 지피지기면 백전백승이기 때문이다. 시공 능력은 어느 정도 되는지, 자금력은 얼마나 되는지, 이런 공사를 해본 경험이 있는지, 그 회사가 처해 있는 현재 상황은 어떤지 등을 종합적으로 분석한다. 진짜 중요한 입찰을 할 경우에는 상대 업체 분석에 총력을 기울인다. 어떻게 보면 입찰 견적서는 시험지이고 낙찰가는 답안지인 셈이다. 입찰 참여 업체의 상황을 분석하다 보면 답안지에 적힌 정답이 보이는 듯한 느낌이 들 때도 있다.

입찰 참여 업체에 대한 철저한 분석과 더불어 입찰 견적서를 작성할 때 주의해야 할 점이 있다. 아무리 하고 싶은 공사라도 적자를 내면서까지 해서는 안 된다는 것이다. 괜한 과욕을 부리면 힘들여 공사를 끝내고도 손해를 보는 경우가 생긴다.

분석이 끝나면 내가 쓸 수 있는 적절한 금액을 적어낸다. 예전에는 그렇게 해서 대개 80~90% 승률로 입찰에 성공했다. 하지만 요즘은 그게 잘 안 된다. 아무래도 나이가 들어서 감각이 떨어진 것 같다. 그래서 입찰 승률을 높일 수 있는 나의 노하우를 다음 리더 그룹에 전수해 그들이 '낙찰가 예지 능력'을 갖게 해서 수주와 입찰을 진행하고자 한다.

시공계획서에 공을 들여라

두 차례에 걸쳐 입찰을 하는 경우에는 견적 최저가와 시평액을 6:4로 반영하고 1차에 통과한 업체들이 그다음 날 프레젠테이션을 한 점수를 가지고 낙찰 가능 여부를 판단한다. 이때는 프레젠테이션 능력이 입찰 성공률을 좌우한다. 내가 입찰 승률이 높은 이유 중 하나는 프레젠테이션을 잘하기 때문이다. 말을 잘하는 것만으로는 프레젠테이션을 잘하기 힘들다. 내가 프레젠테이션을 잘하는 비결은 완벽한 시공계획서에 있다.

철근콘크리트 같은 전문건설업체의 경우 예전에는 건축 전공자가 아닌 형틀이나 거푸집 공사 경험이 많은 반장급들이 현장소장을 주로 했다. 하도급 업체의 경우 공사를 시작하기 전에 '우리 회사는 이런 공법과 이런 자재로 언제까지 이 공사를 끝내겠다.'라는 프레젠이션을 원도급사 담당자들 앞에서 해야 하는데, 이런 사람들은 경험에 의존해서 일하다 보니 체계적인 계획서를 만들기 힘들었다.

그런데 나는 건축을 전공한 데다 직접 거푸집을 제작해보았고 철근도 엮어봤으므로 일의 순서에 따른 계획을 정확하게 세울 수 있었다. 일을 시작하는 기초부터 옥탑까지 시공하는 과정을 그대로 시뮬레이션해 보고, 공사에 투입되는 인원과 자재, 공사 기간이 얼마나 필요한지 예상해서 시공계획서를 만들었다. 그래서 시공계획서를 굉장히 잘 만든다는 얘기를 많이 들었다.

한번은 내가 만든 시공계획서를 다른 업체 사람들에게 공개해서 여러 사람이 볼 수 있게 한 적이 있었는데, 당시 그걸 본 사람들은 본보기가 될 만한 매우 모범적인 시공계획서라는 평을 해주었다. 그래서 오늘날 여러 전문건설업체에서 사용하는 시공계획서들이 당시 내가 만든 시공계획서와 유사한 면이 많다.

이처럼 철저하게 현장 경험을 바탕으로 상대가 필요로 하는 것들을 충실히 반영해서 만든 시공계획서로 프레젠테이션을 하니 참석자들은 우리 회사 시공계획서에 호감을 가질 수밖에 없고, 입찰 승률은 자연스레 높아진다.

1%의 가능성을 버리지 마라

그렇다고 늘 성공한 것은 아니었다. 조금 부족해 2등이 된 경우도 종종 있었다. 하지만 그런 경우에도 끝까지 포기하지 않고 최선을 다한다. 대부분의 사람들은 성공할 가능성이 1%밖에 안 되면 포기해버린다. 99% 실패할 가능성이 있더라도 절대 포기하지 말고 끝까지 붙잡고 늘어지기 바란다. 그 1%의 가능성이 회사의 운명을 좌우할 수도 있다.

2019년 C건설사의 K사 대치동 사옥 신축공사 입찰 때의 일이다. 두 차례의 입찰을 통해 결정이 되는 공사였는데, 1차 입찰에서 우리 회사가 1등을 했는데, 2차 입찰에서는 2등을 하는 바람에 수주에 실패했다. 그런데 2차 입찰에서 1등을 한 업체가 일주일 정도 지나 포기를 하는 바람에 우리 회사가 수주를 하게 되었다. 남들이 보기엔 운이 좋았다고 할 수도 있지만 사실은 1%의 가능성도 포기하지 않고 끝까지 노력한 결과였다.

전자입찰 형식으로 이루어졌기 때문에 입찰 결과를 뒤집어엎기란 불가능하다. 그런데 1등이 포기를 하면 자연스레 2등에게 기회가 온다. 우리는 그 점을 공략했다. 우리가 보기엔 1등을 한 업체가 제시한 금액으로 공사를 하기엔 무리가 있어 보였다.

그래서 C건설사 담당자를 붙잡고 공사 방향과 사전에 검토해야 할 점을 미리 협의하고 우리 회사가 적임자임을 강조했다. C건설사가 판단하기에도 그 금액으론 도저히 힘들 것 같았는데, 결국 1등 업체가 포기하기에 이르렀고 자연스레 우리 회사가 맡게 되었다. 이후 공사 진행도 순조로웠으며 정산 과정도 깔끔하게 처리되어 잘 마감되었다.

1등 업체는 면밀한 손익 계산보다는 입찰에 반드시 성공하겠다는 의욕이 앞서 수지타산이 안 맞는, 어쩌면 막대한 손해를 떠안게 될 행동을 한 것이다. 물론 회사 일을 하다 보면 이익을 볼 때도 있고 손해를 볼 때도 있다. 더 큰 이익을 내기 위해 지금 당장은 손해를 보는 전략적인 의사결정을 내릴 수도 있다. 하지만 판단력이 흐려져서는 안 된다. 무엇을 위해 왜 일하는지 냉철하게 고민해봐야 한다.

전략을 철저하게 세우고 재검점한다

나는 경영기획 전략을 세울 때 다음 여섯 가지를 염두에 둔다.

1. 우리의 고객이 누구인지 알고 가치를 어떻게 전달할 것인가?
2. 우리 조직의 가치관으로 직원을 고무할 수 있는가?
3. 우리의 경쟁자는 누구이고 그들을 이길 전략적 시스템을 구축하고 있는가?
4. 우리 구성원 사이의 인간적인 유대감이 강력하게 형성되는가?

5. 우리 회사의 차별성은?

6. 우리 회사의 장점과 단점, 한계성을 알고 있는가?

경영 기획 전략을 세운 다음에는 다음 다섯 가지를 재점검한다.

1. 비전, 미션, 가치관은?
2. 차별성은?
3. SWOT 분석, 장단점 그리고 보완할 방법은?
4. 경쟁자는 누구이며, 이길 전략 시스템은?
5. 고객관계 구축 채널 방안은?

경영 기획 전략을 세울 때 항상 이런 과정을 거친다. 늘 우리 스스로를 돌아보고 원칙을 흔들림 없이 지키려고 한다. 그렇기 때문에 태일씨앤티는 동종업계 다른 회사보다 승률이 높다고 볼 수 있다.

2장

뚝같은 돈 받고 왜 그렇게까지 일하냐고?

실력을 갖춰야 기회를 잡을 수 있다

"제가 해보겠습니다!"

후배들에게 한 마디 조언을 해준다면 '실력을 갖춰라!'고 말하고 싶다. 좋은 기회가 왔는데도 실력이 없어 못 잡는 사람들이 많다. 일할 때마다 의욕이 넘치고 인성도 좋은 데다 리더십도 있어 현장소장을 맡겨볼까 했는데, 현장소장이 갖춰야 할 실력이 부족하면 당사자 입에서 "저는 아직 현장소장 능력은 안 되는 것 같습니다."라는 말이 나올 수밖에 없다. 그 사람은 자신에게 찾아온 좋은 기회를 놓치게 되는 것이다. 그러므로 늘 준비가 되어 있어야 한다. 기회가 오면 "제가 해보겠습니다. 맡겨만 주세요!"라며 당당하고 자신감 있게 대답할 수 있어야 한다.

1997년 분당터미널 현장소장을 했을 때의 일이다. 과거에 비해 지금은 대형 공사 현장이 많아졌지만, 당시 분당터미널 공사는 규모가 크고 어려운 공사였다. 원청업체인 H사는 대규모 건설사에서 현장소장을 역임했던 사람을 이사로 영입해서 그 현장을 맡기겠다고 말했다. 그때 내가 몸담고 있던 K사 대표는 그 말을 듣곤 자신 있게 나를 추천했다.

"김경수 차장이 하면 되는데 왜 다른 데서 사람을 데리고 옵니까?"

H사가 보기엔 35세밖에 안 된 내가 믿음직스럽지 않았을 것이다. '이런 대형 공사를 저런 애송이한테 맡긴다고?' 지금은 30대 현장소장이 많아졌지만 그때는 50대가 주로 현장소장을 했다. 40대도 별로 없었다.

나는 20대 후반에 울진원자력 3, 4호기 골조공사 현장소장을 하면서 골조공사의 국제기준을 익혔고, 사전 준비 작업과 계획, 실시, 실시 후 보정 작업 프로세스 기준을 갖추게 되었다. 그리고 대형 오피스텔과 초고층 아파트 공사를 경험하면서 실력을 쌓았다.

H사는 그런 사실을 몰랐기에 당연히 외부에서 현장소장을 영입하려고 한 것이었다. 하지만 K사 대표는 그동안 나

를 봐오면서 나에 대한 신뢰가 있었기에 H사와 계속 대화를 나누면서 나를 추천했다. 결국 나는 나이는 어렸지만 충분한 실력이 있었기 때문에 분당터미널 현장소장을 맡을 수 있었다. 누구도 반박할 수 없는 실력을 갖추고 있으면 기회가 왔을 때 자신의 능력을 마음껏 발휘하면 된다.

전설적인 스토리를 만들다

H사는 처음에는 30대 중반의 어린 소장이라 생각하고 업무 수행 능력을 의심했으나 분당터미널 공사 사전계획 실시 피드백 등의 실행에 어려움이 없자 나를 신뢰하기 시작했다. 그리고 공사를 진행하면서 생긴 당시 무용담이 지금도 회자될 정도로 전설적인 스토리들이 만들어졌다.

합벽공사 100미터를 단 하루 만에 마감

합벽 100미터 구간을 새벽 5시에 먹매김[4]을 완료하고 오전 7시부터 철근 작업을 3~4시간 동안 약 30~50미터 진행한 후, 형틀공을 오전 10시 무렵에 투입해서 오후 4시경 콘크리

4 건축 공사 시 먹줄을 이용해 기초, 기둥, 옹벽 등이 세워질 곳에 표시해두는 작업을 말한다.

트 타설 발판을 설치하였다. 이후 오후 5시경 콘크리트 타설을 시작해서 오후 10시쯤 타설을 완료했다. 그리고 다음날 해체 후 슬래브(slab) 형틀을 설치하고 철근 배근(配筋)[5] 후 슬래브 콘크리트 타설 4일 만에 슬래브를 완성시켰다.

비가 내리는데도 1개월 공기 단축

야탑역과 연결 통로구간을 만들기 위해 추석 전 타설을 목표로 작업하던 중 2~3일간 비가 예보되어 있어서 슬래브 타설이 불가능해 보였다. 다들 포기했으나 나는 할 수 있다고 생각하고 각 팀별 공정회의를 해서 형틀공, 철근콘크리트공, 관리자를 뽑아 필요한 부분마다 적기에 투입해 추석 전에 무사히 마감했다.

추석 후 타설했을 때보다 1개월 정도 공기를 단축했고, 분당터미널 공사 전체로 보면 3개월 정도 단축했다. 또한 당시 몸담고 있던 K사에 단일 현장 최대 수익을 올린 성과를 냈다. 하지만 회사는 현장의 성과에 대한 보상을 제대로 해주지 않아 못내 아쉬웠다.

추후 분당터미널 공사 완료 후 함께 일했던 동료들이 모두

---

5 철근을 설계에 맞추어 배열하는 작업을 말한다.

분당 터미널 공사 완공 후 모습

미켈란쉐르빌 팀으로 가게 되었고, 입찰에 성공해서 큰 성공을 거두었다. 사전에 준비된 계획에 따라 도면을 정확히 이해하고, 최상의 자재를 준비하고, 적정 인원을 투입해 시간손실(time loss) 없이 일할 수 있게 만든다면 최상의 이익을 얻을 수 있다. 문제가 생겼을 때 당황하지 않고 제3자의 입장에서 관점을 달리하고 보면 혜안이 생겨난다. 너무 가까이서 보면 당면 문제에 매몰되어 단편적으로 보게 되지만 다른 관점에서 보면 해답이 쉽게 찾아지는 경우가 많다.

불가능한 일은 없다. 힘든 일이 생기면 포기하고 시작조차 하지 않기 때문에 불가능한 일이 돼버리는 것이다. 포기는 언제든지 할 수 있으므로 맨 마지막 선택지로 남겨두거나 아예 생각조차 하지 말기 바란다. 모두가 한마음이 되어 할 수 있다고 생각을 바꾸는 순간, 가능한 일들이 하나하나 만들어진다.

끊임없이 공부해야 한다

전문건설업 직원 분포도를 보면 평균 연령이 40대 후반이다. 좀 젊은 회사가 40대 중반이다. 그런데 우리 회사는 30대 중반이다. 게다가 한 현장당 직원수가 다른 회사보다 2~3명 정도 많다. 그러면 인건비가 더 들어가므로 회사의 원가는 더 올라간다. 당장 눈앞에 보이는 이익을 따지면 손해인 것 같지만 업무 효율이 올라가 더 나은 결과물이 나오고 공기가 줄어들어 결국 원가절감으로 이어진다.

어떤 가치를 얻으려면 미리 투자를 해야 한다. 그래서 나는 직원들에게 공부할 기회를 주고 미래를 준비할 수 있게 도와준다. 최근에는 투자 쪽 벤처 창업이사들 지도과정에 직원들을 보내 경험을 쌓게 하고 있다. 전 직원이 이런 교육을 받는 것은 아니지만, 팀장급이나 부서장급들에겐 '언제까지 뭘 해야 될 것 같다, 이런 과정을 공부해야 된다.'라는 식으로 계속 압박을 가한다.

직원들이 온전히 내 마음을 이해하지 못할 수도 있고, 이런 방식을 좋아하지 않는 사람도 있을 것이다. 직원들 입장에선 어떻게 보면 내가 자신들을 혹사를 시킨다고 생각할지도 모르겠다. 본인에게 주어진 업무는 업무대로 해야 하고, 자기계발을 위해 공부를 해야 하니 그런 생각을 할 법하다. 그리고 자신이 맡고 있는 일과 전혀 다른 일을 하라고 강요하는 것처럼 보일 수도 있다. 어떤 직원은 가족들로부터 왜 다른 사람과 똑같은 월급 받고 그렇게 해야 하냐는 말을 듣는다고 한다.

나는 그런 직원에게 장담할 수 있다. 지금은 똑같은 월급을 받지만 머지않은 시기에 훨씬 더 많은 월급을 받게 될 것이라고. 그리고 회사를 이끄는 오너가 될 수 있다고. 우리 회사 직원들이 단지 오늘만 생각하고 일하지 말고, 더 나은 미래를 위해 더 크게 성장해 회사와 함께 얻은 결실을 더 많이 나누길 기대한다.

직원이 아닌
오너가 되길 꿈꿔라

혹시 회사가 잘못한 건가?

최근 젊은 직원 두 명이 회사를 그만두었다. 한 명은 과장이었고, 다른 한 명은 과장 진급 대상자라서 눈여겨보던 친구였다. 인사 담당자로부터 두 사람의 퇴사 이야기를 듣고 "내가 한 번 만나보면 어떨까?" 하고 물었더니 "이미 퇴사 결심이 확고해 사장님이 이야기한다고 해서 마음이 변하지 않을 것 같습니다. 본인들의 뜻대로 정리를 해주시지요."라는 대답이 돌아왔다. 두 사람 모두 신입사원으로 입사한 첫해부터 지금까지 쭉 성장해오는 모습을 지켜보아왔던 터라 그들의 퇴사 결정이 무척 안타까웠다.

신입사원으로 입사해 과장까지 올라올 정도면 회사에서 능력을 인정받았다는 의미다. 사실상 입사 3년 차까지는 직원을 성장시키기 위해 회사에서 많은 투자를 해야 한다. 물론 직원도 회사에 기여하기 위해 열심히 노력하지만, 3년 차면 자신에게 주어진 업무 처리하기에도 급급해 가시적인 성과를 내기는 쉽지 않다. 그런데 4년 차, 5년 차가 되어 과장이라는 직함을 달면 이야기가 달라진다. 그때부턴 회사의 핵으로 들어오는 것이다. 다시 말해 회사에서 없어서는 안 될 핵심 인재로 자리매김하게 된다. 비중 있는 일들을 책임지고, 그동안의 경험을 바탕으로 혁혁한 성과를 거두기도 한다.

그런 직원들이 회사를 그만두겠다고 하면 마음이 너무 아프다. 정성껏 새싹을 돌봐 튼실한 나무로 만들듯, 3~4년간 공 들여 가르치며 성장시켜왔는데 갑작스레 떠나면 그동안 쏟았던 노력이 허사가 되어버리니 한편으론 당혹스러운 마음이 들기도 한다. 그럴 때면 나를 돌아보게 된다. 물론 퇴사를 결심할 수밖에 없었던 합당한 이유가 있을 것이다. 혹시 회사가 잘못한 건 없는지 점검해보고 퇴사 이유가 무엇인지 살펴봐야 한다. 그래야 소중한 인재를 떠나보내는 일이 줄어들 것이다.

그런데 한편으론 '이 친구는 나와 끝까지 함께 갈 수 있을까? 아무래도 어느 지점이 되면 정리를 하게 되겠구나.' 하는 생각이 드는 경우도 있다. 그러면 정말 그 지점에 가면 퇴사를 하는 직원이 생긴다. 회사를 오래 경영하며 여러 사람과 일을 하다 보니 직원을 판단하는 내 나름의 기준이 세워진 것이다.

오너와 월급쟁이의 차이

회사에서 월급을 받는 직원이라 하더라도 나도 언젠가는 오너가 될 수 있다는 생각을 늘 가져야 한다. 능력이 없어서 오너가 못 된 것과 오너이기를 포기한 것은 엄청난 차이가 있다. 평생 다른 사람의 지시를 받으며 살아갈 수밖에 없다. 그래서 직원들과 이야기를 나눌 기회가 있으면 "본인이 오너이기를 포기한 사람은 월급쟁이에서 벗어나기 힘들다."라는 이야기를 자주 한다.

그럼 오너와 직원은 어떤 차이가 있는 것일까? 내 회사를 설립한 오너와 월급을 받고 일하는 직원은 마음자세부터 다르다. 장학재단(관정이종환교육재단)을 설립해 사재 8,000억 원을 사회에 환원해 세상을 놀라게 한 삼영화학그룹 이종환 명예회장은 《정도》라는 책에서 오너와 월급쟁이의 차이를 다음과 같이 말한다.

> 흔히 사람들은 '오너'와 월급쟁이의 차이를 말한다. 당장 자기 잇속이 걸린 '오너'는 몸 부서지는 줄 모르고 뛰지만 월급쟁이는 다르다고, 또 최종 결정권자와 결정권이 없는 사람을 나란히 놓고 일하는 스타일을 견줄 수는 없다고. 나는 그런 사고방식으로 일하는 사람은 단언컨대 평생 월급쟁이 신세를 면치 못하리라고 본다. 평생 '오너' 자리에서만 일해본 나 같은 사람의 독단일까. 결코 그렇지 않다. 직원들을 모아 놓고 주인의식을 가지라는 내용의 당부를 할 때가 종종 있다. 그때 직원들의 눈빛만 보아도 '저 친구는 내 말을 진심으로 듣는구나. 저 친구는 그냥 흘려듣는구나!'를 알 수 있다. 그 두 가지 유형의 직원들이 일하는 모습을 유심히 관찰해보면 확연하게 차이가 난다. 전자는 내 일처럼 열의와 창의를 다해 최선을 다하고 후자는 대충대충 시간만 때운다.

이종환 명예회장의 말처럼 주인의식을 가지고 열의와 창의를 다해 최선을 다하는 사람은 누구나 오너가 될 수 있다. 그런 생각을 가지고 있는 사람은 설사 지금 오너가 아닐지라도 오너의 자질을 충분히 가진 사람이다. 그래서 머지않은 시간에 오너가 될 수 있다.

주인의식을 가져라

IMF 이후 평생직장의 개념이 사라지면서 이직률이 높아지고 조직보다는 개인의 삶이 더 중요하게 여겨지는 시대다. 그래서 개인의 생활을 희생해가며 힘들게 일해 회사에 충성하기보다는 월급 받는 만큼만 일해야지 하는 마인드를 가진 사람들이 많아졌다. 단편적으로 보면 이런 생각이 맞는 것 같지만, 이런 태도로 일하면 자신의 성장에 결코 도움이 되지 않는다.

그렇다고 조직에 맹목적으로 충성하라는 얘기는 아니다. 과거에는 상사가 지시를 내리면 무조건 복종하는 상명하복이 기본이었다. 특히나 건설업은 다른 업종보다 더 보수적이고 위계질서를 강조하는 곳이다. 공사 현장에는 언제 어느 때 위험한 사고가 발생할지 모르기 때문에 수시로 험한 말과 고성이 오간다. 과거에는 재떨이가 날아다니는 일도 종종 있었다. 하지만 더 이상 이런 모습을 고집해서는 그 기업은 살아남지 못한다. 이는 분명 잘못된 행동이며, 사라져야 할 문화이다.

하지만 과거나 지금이나 분명한 사실은 스스로의 발전을 위해 노력하지 않는 사람은 어느 순간 도태된다는 것이다. 또한 주인의식이 없는 사람은 결코 월급쟁이에서 벗어나지 못한다는 사실이다. 냉정하게 말하면 자리 보존하기도 힘들다. 월급 받는 만큼 일해야지 하는 마인드를 갖고 있다면 하루빨리 생각을 바꾸기 바란다. 4차 산업혁명으로 인한 과학기술의 발달과 누구도 예상치 못한 코로나19로 인해 비대면 세상이 지속되면서 세상은 급속도로 변화하고 있다. 그 결과 엄청나게 빠른 속도로 AI가 사람들의 일자리를 대체해나가고 있다. 안일한 방식으로 일하면 생존 자체를 위협받을 수 있다.

사내 오너를 만들어주다

우리 회사는 태일씨앤티 외에도 태경이노베이션, 세르파벤처스를 함께 운영하고 있는데, 그중 스타트업 회사를 지원하는 세르파벤처스 대표이사를 태일씨앤티의 경영기획실장인 전명훈 상무가 맡고 있다. 나는 회사 내에서 오너의 자질을 가진 사람을 발굴해 오너로 성장시키고자 하는데, 그 첫 번째 사례가 전명훈 상무다.

전공과 상관없는 회계 공부를 하라고 대학에 보냈고, 경영자 수업을 시키려고 안 간다고 버티는 걸 1년 동안 계속적으로 설득해 MBA 공부를 하게 만들었다. 사실 반강제적으로 시켰다는 게 맞는 표현일 것이다. 회사 업무하기도 힘든데 학업까지 병행했으니 얼마나 힘들었을지 잘 알고 있다. 포기하지 않고 끝까지 학업을 끝낸 그에게 박수를 보낸다. 그리고 함께해야 할 귀한 시간을 학업을 위해 양보해준 그의 가족에게도 감사의 인사를 전한다. 전명훈 상무를 시작으로 앞으로 더 많은 직원들에게 사내 오너가 될 수 있는 기회를 제공하고자 한다.

누구에게나
각자의 계절이 있다

꽃이 피지 않는 나무는 없다

나의 아버지는 살아오시면서 여러 직업을 거쳤다. 처음에는 경찰로 재직하며 도지사 경호 업무를 맡으셨다. 그러다 도지사 추천으로 초등학교 선생님으로 일하셨다. 당시에는 공무원이 교사에 지원하는 제도가 있었다. 이후 인삼연초연구소에서 일하시다 인삼연초연구소가 민영화되면서 과기처에서 근무하다 은퇴를 하셨다. 평소 여러 가지 아이디어가 많은 분이셨는데, 한 직장에서 오래 계셨더라면 뭔가 큰 결실을 거두지 않았을까 하는 생각이 든다. 너무 여러 가지 일을 하다 보니 겉만 훑고 지나가버린 게 아닌가 싶어 아쉬운 마음도 든다.

나는 사형제 중 셋째다. 아버지를 좋아해서 잘 따르고 존경해 자식 넷 중에서 아버지와 가장 많은 대화를 나눴다. 아버지는 내가 이직 때문에 고민을 하면 별다른 이의를 제기하지 않고 내 의견을 존중해주셨다. 평소 여러 가지 좋은 말씀을 수시로 해주셨는데 그중에 "각자의 계절이 있다"는 말씀이 가장 와 닿았다. 지나고 보니 마치 유훈(遺訓) 같은 느낌이 들어 늘 이 말을 마음에 새기고 있다. 아버지는 손수 붓글씨로 써서 두 개를 남겨주셨는데 하나는 사무실에, 하나는 집에 두고 수시로 읽으며 나를 돌아본다.

〈각자의 계절이 있다〉

꽃마다 꽃을 피우는 시기가 제각각이다. 흔히 생각하기에 꽃은 봄에 만발할 것 같지만 봄에 피는 진달래, 개나리가 있는 하면 여름에 피는 해바라기, 가을에 피는 국화가 있다. 또 모든 생명이 움츠러드는 아주 추운 겨울에 언 땅을 뚫고 올라와 눈부신 꽃망울을 터뜨리는 매화꽃은 봄소식을 가장 먼저 알려준다. 그리고 같은 계절의 꽃이라고 해도 피는 시기가 다르다. 예를 들어 우리가 흔히 봄에 보는 개나리, 진달래, 철쭉, 민들레, 벚꽃 등도 다 피는 시기가 다르다.

꽃마다 피는 시기가 다른 이유는 가온량(加溫量)이 다르기 때문이다. 꽃이 피려면 일정 시간 따뜻한 온도에 노출되어야 하는데, 따뜻한 온기를 모은 양을 가온량이라 한다. 충분한 가온량이 있어야 꽃눈이 발아해서 꽃이 피는 것이다. 적당한 온도가 되더라도 가온량이 부족하면 꽃이 피지 않는다. 그러기 위해 혹독한 추위를 견디고 거센 비바람을 맞으며 차곡차곡 가온량을 쌓으면서 자신이 피는 시기를 기다린다.

이은주 서울대 교수는 개화까지 필요한 가온량을 개나리는 84.2, 진달래는 96.1, 왕벚나무는 106.2로 추정했다. 다시 말해 가온량이 적은 개나리, 진달래, 왕벚나무 순으로 꽃이 피는 것이다.

이처럼 모든 꽃은 각자 피는 시기가 있다. 서두른다고 빨리 필 수 있는 게 아니다. 그런데 자신의 계절을 기다리지 않는 사람들이 너무 많다. 꽃이 피려면 아직 멀었는데 빨리 꽃을 피우려고 안달한다. 조급증 때문이다. 꽃마다 각자의 가온량이 쌓여야 꽃이 피듯이 사람도 각자의 꽃을 피우는 가온량이 쌓여야 한다.

꽃이 피지 않는 나무는 없다. 서두르지 않으면서 천천히 나의 계절을 기다려보자. 선인장 종류인 용설란은 100년에 한 번 꽃이 핀다. 그래서 '세기의 식물(century plant)'이란 별명이 붙어 있다. 용설란의 꽃대는 대개 6미터 이상이고 무려 10미터에 이르는 것도 있다. 아주 오래 기다려 힘겹게 꽃을 피우는 탓인지 꽃말도 '강한 의지', '용기'다. 사람들은 이 꽃을 보면 행운이 찾아온다고 말한다. 100년에 한 번 볼 수 있는 꽃이니 이 꽃을 보는 것 자체가 행운임에 분명한 듯하다.

내 계절에 내 꽃을 피워라

2013년 8월 태일씨앤티를 인수해 CEO가 되었는데 그때 내 나이 51세였다. 51세에 세상에 내 이름으로 출사표를 낸 것이다. 다른 사람에 비해 한참 늦은 나이에 시작한 것이다. 지금이 2021년이니 회사를 시작한 지 만 8년이 되었는데, 우리 회사는 성장기를 지나 안정기에 접어들었다.

그동안 수많은 비바람과 태풍을 맞으면서도 무너지지 않고 잘 견뎌왔다. 남들은 내가 늦게 꽃을 피웠다고 생각할 수도 있겠지만 나는 내 계절에 내 꽃을 피웠다고 생각한다. 내 사업을 늦게 시작한 대신 무리해서 경영하지 않는다. 무너지면 다시 일어서기가 너무 힘들다는 사실을 잘 알고 있기 때문이다.

삶에서 늦은 때란 없다. 오늘 이 순간이 내 인생의 가장 젊은 날이란 생각으로 살아가면 다른 사람보다 조금 늦게 꽃을 피우더라도 불안하거나 조급한 마음이 들지 않는다. 늦게 피면 늦게 핀 대로 잘 가꾸고 돌봐서 더 크게 성장하게 만들면 된다. 나는 무리하지는 않지만 여전히 더 나은 미래를 위해 더 많은 꽃을 피우기 위해 나무에 물을 주고 정성껏 돌보고 있다. 그리고 내 곁의 작은 나무들에게도 용기를 주고 싶다. 각자의 계절을 기다리며 열심히 살아가자고.

내성적인 성격을 외향적인 성격으로 바꾸다

위기감이 성격을 바꾸다

현장소장은 공사가 끝날 때까지 현장에서 일하는 사람들을 수시로 교육하고 항상 관리를 해야 한다. 현장의 하루는 일반적인 직장과 달리 아침 9시가 아니라 아침 7시에 다 함께 모여 체조를 하면서 시작된다. 체조가 끝난 다음에는 각 파트별로 작업 지시를 하고 그날 공사의 안전 포인트와 작업 내용을 현장 근로자들에게 일일이 설명해줘야 한다. 한 현장에 근로자가 많을 때는 1,000명가량 되기도 한다. 그런데 성격이 내성적인 사람은 많은 사람들 앞에서 설명을 잘할 수 없어 현장소장의 역할을 해내기가 힘들다. 현장소장은 리더로서 강한 모습을 보여야 한다.

큰 공사 현장에서 많은 직원들을 진두지휘하고, 사람들 앞에서 자신 있게 프레젠테이션을 하는 내 모습을 본 사람들은 내가 매우 외향적인 성격이라고 생각한다. 그런데 사실 나는 굉장히 부끄러움을 많이 타는 내성적인 사람이다. 나랑 오래 같이 일한 사람들도 내가 원래 내성적인 성격이란 걸 잘 모른다. 알고 보면 굉장히 내성적인데 말이다.

MBTI 성격 유형 검사를 해도 나는 I형으로 나온다. MBTI는 E형과 I형으로 나뉘는데, E형은 외향적인 성격으로 외부 세계에 관심을 가지고 자신을 잘 드러내고 활동적인 특징을 가지고 있고, I형은 내향적인 성격으로 본인의 내면에 집중하고 한 가지 일을 깊이 있게 파고드는 특징이 있다.

I형인 내가 어떻게 많은 사람들 앞에서 자신 있게 프레젠테이션을 하고, 수백 명이나 되는 사람들을 이끌어나가고 있을까? 내성적인 나의 기질상 결코 가능한 일이 아니다. 그럼 오랫동안 현장에서 일하다 보니 저절로 바뀐 것일까?

나는 건축 설계를 전공했기 때문에 처음에는 건축 설계 일만 했다. 설계 일을 할 때는 내성적이든 외향적이든 성격이 그다지 문제가 되지 않았다. 내 일만 잘하면 되니까. 내 목표량만 채우면, 즉 설계 도면만 잘 그려서 넘겨주면 그다음 일은 다른 사람이 하니까 내가 책임져야 할 부분이 적었다.

그런데 설계 도면만 그리던 내가 1992년 11월 부산 온천장 W건설 오피스텔 현장으로 가게 되었다. 갑작스레 결정된 일이라 작업복과 작업화도 준비되지 않아 김해공항에 도착한 뒤 시장에 가서 구입하였다.

하루 24시간이 모자랄 정도로 열심히 일했지만 내 뜻대로 공사가 진행되진 않았다. 철근공, 콘크리트공이 문제를 일으켰고 서울에서 형틀목수를 데려와야 하는 상황이 벌어졌다. 시공사 직원들과의 관계도 원만하지 못했다. 공사를 잘 마무리하려면 현장 책임자가 적극적으로 나서서 현장에서 생기는 문제를 해결해야 하는데 성격이 내성적이라 그런 일이 쉽지 않았다. 내성적인 성격을 바꾸지 않으면 이 업계에서 살아남지 못하겠다는 강한 위기감이 나를 짓눌렀다.

나의 첫 현장 근무지였던 W건설 현장에서 여러 가지 일들을 겪으며 나는 현장 업무의 기초를 닦았다. 그리고 내성적인 성격을 외향적인 성격으로 바꾸기 위해 오랜 시간 노력을 기울였다. 그 결과 나는 자신감을 얻었고, 나의 멘탈은 누구보다 강해졌다.

국제 기준을 배우다

1993년 울진 원자력 3, 4호기 공사를 할 때 일이다. 당시 D건설이 시공사였는데, 공사 규모가 커 D건설 직원이 500명가량이었고, 협력사(하도급업체) 소장도 20명이나 되었다. 매일 공정회의를 했는데, 공정을 제대로 완료하지 못한 협력사 소장은 D건설 소장으로부터 엄청난 질책을 당했다. "당장 때려치우고 가라! 당신 같은 사람은 필요없다!"라고 소리치는 모습에 옆에서 보는 사람도 엄청난 모멸감을 느낄 정도였다.

시공사와 협력사의 관계는 갑을관계가 아닌 상생관계여야 한다. 물론 요즘은 시공사 직원이 협력사 직원에게 이 정도로 막 대하지는 않지만 30년 전에는 시공사의 횡포가 심했다. 어떤 경우에는 협력사 대표가 시공사 말단직원보다 못한 취급을 받기도 했다.

상황이 이러다 보니 울진 현장에 발령을 내면 몇 달을 견디지 못하고 중도에 회사를 그만두는 경우가 속출했다. 당시 나는 공무 자재 담당과장으로 일하고 있었는데 울진 현장에서 3개월만 일하면 시스템 폼으로 유명한 독일 도카(DOKA)사에서 공부할 기회를 주겠다는 제안을 받고 독일에 유학을 가고 싶은 마음에 울진으로 내려갔다.

울진 현장은 D건설 직원 외에도 한전 직원이 상주하고 있었고, 도카사에서 온 독일인 슈퍼바이저와 미국 웨스팅하우스(Westinghouse)에서 작업 점검과 감리를 하고 있었다. 원자력 도면 보는 것도 쉽지 않았다. 외국 도면은 인치로 되어 있어서 센티미터로 환산해서 '샵 도면(Shop Drawings)[6]'을 그려야 했다. 도면을 그리고 그려진 순서대로 샵장[7]에서 거푸집을 제작 설치해서 콘크리트 타설을 한 다음, 관리 및 유지보수까지 국제적인 기준에 맞춰야 했다. 이 모든 과정이 새로웠다.

도카사 슈퍼바이저는 현장 콘크리트 타설하는 것을 보며 타설 속도, 시간, 슬럼프 등을 체크했다. 특히 타설 속도 위반 시 작업을 중지시켰다. 작업 기준을 적당히 무시하고 일해왔던 기존 방식을 바꾸고 모두 도카사 슈퍼바이저의 기준에 맞춰야 했다. 그 기준이 너무 까다로워 그를 독일로 돌려보내야 한다는 의견이 나오기도 했다.

하지만 그와 함께 일하면서 그동안 우리가 일해왔던 방식을 되돌아보게 됐다. 국제기준에 맞는 거푸집을 설계하고 설치해서 콘크리트를 타설한 후 보수 유지하는 기준을 확립한

---

6 현장에서 실제로 공사를 할 때 필요한 상세도면. 계약 도면에 표시된 것보다 더 많은 구조 세부 사항이 표시되어 있다.

7 건설자재를 보관하고 조달하는 공장을 말한다.

결과 울진3호기는 최초의 한국표준형 원전으로 불린다.

내 목소리를 내다

나는 일을 할 때면 항상 마감일을 엄수하고자 한다. 그런데 여러 가지 돌발적인 상황들이 생겨 어쩔 수 없이 못 지키는 경우도 생기게 마련이다. 하지만 울진 현장은 달랐다. 그 어떤 상황도 용납되지 않았다. 공정 미이행 협력사는 많은 사람들 앞에서 무차별 난사를 당했다. 나는 오기가 발동해 내가 맡은 공정은 반드시 제날짜에 끝내고 말겠다고 마음먹고 24시간 풀가동해서 거푸집을 제작해 약속한 공정을 이행했다.

그런데 D건설사의 실수로 공정이 늦어지면 거기에 대해서는 일언반구도 없었다. 내로남불의 전형이었다. 너무 억울하고 화가 치밀어 올라 공정회의 때 버럭 소리를 질렀다. 주변에서 만류했지만 나는 멈추지 않고 계속 내가 하고 싶은 얘기를 했다. 그동안 협력사가 겪은 모멸감을 갚아주기 위해서가 아니라 일을 정확하게 하기 위함이었다. 일을 못해서 지적을 받는 게 아니라 시공사가 제대로 준비를 안 해줘 내가 일을 할 수 없다고!

하지만 내 목소리는 전혀 반영되지 않았고 메아리가 되어 다시 내게 돌아올 뿐이었다. 아무리 노력해도 끝을 알 수 없는 깊은 곳으로 빨려 들어가는 블랙홀 같은 느낌이었다.

당시 함께 일하던 직원들과 쉬는 날이면 맥주 한 상자를 싣고 계곡으로 갔다. 실컷 먹고 떠들며 10년 후 20년 후 우리의 미래를 얘기했다. 대한민국 최고의 전문가가 되겠다고. 현재 그 절반쯤 이룬 것 같다. 은퇴할 즈음이면 그때 생각했던 그 미래가 이루어져 있길 희망한다.

울진 원자력 현장은 처음으로 현장 완료 전에 철수한 뼈아픈 기억이 있는 곳이지만, 철근콘크리트 분야의 국제적인 기준을 배우고 어떤 공사라도 두려움 없이 헤쳐나갈 자신감을 심어주었다. 또한 나의 미래의 모습을 그려볼 수 있게 해준 현장이다. 그때의 경험은 이후 분당터미널 공사를 하면서 큰 도움이 되었다.

강해지려면 자신감을 가져라

우리는 대개 미숙한 부분이 있거나 남들보다 부족한 부분이 있으면 괜히 부끄럽게 여겨 감추려고 한다. 특히 내성적인 사람들은 그런 경향이 크다. 부끄러움은 감추려할수록 오히려 더 커진다는 사실을 명심하자.

부끄러워하는 데는 여러 가지 이유가 있지만 무엇보다 자신감 부족이 가장 큰 원인이다. 남들 앞에서 창피를 당할까 봐 욕을 먹을까봐 걱정이 되어 부끄러운 것이다. 자신감이 넘치는 사람은 실수를 하더라도 크게 부끄러워하지 않는다. 작은 실수 정도는 얼마든지 고칠 수 있다고 생각하기 때문이다. 하지만 자신감이 떨어지는 사람은 실수를 실패로 만들어 버린다.

리더는 부끄러워하지 말고 자신감이 넘쳐야 하고 강해져야 한다. 그래야 조직을 이끌 수 있다. 강해지지 않으면 스스로 포기하게 되는 상황들이 계속 생겨난다. 사람들 앞에서 당당하게 자신을 내세울 수 있는 가장 좋은 방법은 누구도 무시 못할 탄탄한 실력을 갖추는 것이다. 특히 본인과 관련된 업무에 대해서는 누구보다 잘 알고 있어야 한다. 실력이 부족한 사람은 다른 사람들에게 올바른 지시를 내리고 본인을 따르게 만들 수 없다. 현장과 경영이 괴리가 생기면 조직을 원활하게 잘 돌아가지 않는다.

내성적인 성격이 외향적인 성격으로 바뀌긴 힘들다. 그렇게 타고났는데 쉽게 바뀔 리가 있겠는가. 하지만 결코 바뀔 수 없는 것은 아니다. 나 역시 힘들었지만 외향적인 성격으로 거듭났다. 다시 한번 강조하지만 실력이 탄탄하면 강해질 수 있다. 그러면 부끄러움은 절로 사라진다. 부끄러움을 없애기 위해 스피치 학원을 다니는 것보다 자신의 일을 누구보다 열심히 해 실력을 쌓아나가라고 말하고 싶다.

보스와 리더는 다르다

보스가 아닌 리더가 되어라

흔히 강한 힘을 가진 리더를 '보스'라고 말하기도 한다. 하지만 보스와 리더는 명확한 차이가 있으니 둘을 분명하게 구분해야 한다. 보스는 부하직원에게 두려움을 불러일으키지만 리더는 신뢰를 구축한다. 그리고 보스는 권위를 내세우고 책임을 묻고 떠넘기지만 리더는 협력하고 문제를 해결하며 함께 책임을 진다.

그 결과 보스는 부하직원들의 분노를 일으키고 업무를 고역으로 만든다. 하지만 리더는 부하직원들의 열정을 불러일으키고 업무를 흥미있게 해낼 수 있도록 도와준다.

이처럼 보스는 부하직원에게 앞으로 나아가라고 지시하고 명령을 내리는 사람이다. 하지만 리더는 부하직원들 앞에 서서 이들을 이끌고 나아간다. 그리고 진정한 리더는 어려움이 닥칠 때 대책을 강구하는 게 아니라 어려움이 닥칠 것을 미리 예견하고 어려움을 줄이는 사람이다.

리더가 가만히 있어도 잘 돌아가는 조직을 만들어라

나는 30년이 넘게 건축 일을 해왔으므로 현장의 플로우차트가 한눈에 보인다. 우리 회사가 동시에 운영하는 현장이 10군데 정도 되는데, 이 현장에는 몇 명이 투입되어야 하는지, 어떤 일이 어떻게 이루어져야 하는지, 지금 상황이면 누가 어떤 일을 해야 하는지, 공정이 어디까지 진척되어야 하는지, 이다음에는 어떻게 할 것이라는 그림이 그려진다.

현장소장 정도 되면 자신이 맡은 업무에 대한 큰 그림을 그릴 수 있어야 한다. 그래서 나는 가급적 현장소장들한테 대부분의 권한을 넘기고 간섭을 잘 안 한다. 현장소장이 될 만한 직원을 선별해 사전에 충분히 교육을 시켜왔으므로 맡은 바 임무를 잘 수행해내리라 믿기 때문이다. 그리고 대표가 일일이 간섭하면 본인이 주도적으로 일을 할 수 없다. 회사 경영에서 무엇보다 인간관계가 우선이다. 서로 간의 신뢰는 인간관계의 기본이다.

공자는 《논어》에서 무위이치(無爲而治)를 말했다. 성인의 덕이 커서 아무 일을 하지 않아도 유능한 인재를 얻어 천하가 저절로 잘 다스려진다는 의미다. 이 말을 오늘날 조직에 적용해보면 리더가 가만히 있어도 구성원들이 알아서 잘한다는 얘기다. 이때 바탕이 되는 것이 신뢰다.

경영자 마인드를 가져라

우리 회사는 한 프로젝트를 대개 2년 정도 진행하는데, 매출액이 많이 나오는 현장은 400억 원 정도 되기도 한다. 현장소장은 2년 동안 매출 400억 규모 회사를 운영하는 사장인 셈이다. 이런 현장이 10군데 정도 되니 10군데 현장소장은 각자가 일종의 소(小)사장이다. 그러므로 현장소장은 그 현장을 본인의 회사라고 생각해야 한다. 다시 말해 경영자라고 생각해야 하며, 현장소장은 그 현장의 오너이기 때문에 정확한 의사결정을 내려야 한다. 의사결정을 하려면 상황 판단을 제대로 해야 하는데 이때 필요한 것이 업무 능력이다.

특히 외부적인 영향에 대한 판단, 앞으로 다가올 미래에 대한 판단을 할 수 있어야 한다. 해당 현장에 소요되는 비용을 파악하고 중간에 문제가 생기면 스톱을 걸어서 어떤 방식으로든 해결을 해야 한다. 요즘처럼 자재가 폭등하면 어떻게 대처를 할지, 리더라면 다양한 변수를 잡아낼 수 있는 힘이 있어야 한다.

그래서 나는 PM회의 때마다 누구 때문에 어떤 일이 일어났다고 생각하지 말라고 강조한다. 현재 자재비가 이 정도로 폭등한다면 우리에게 미치는 영향이 어느 정도 되는지를 감지할 수 있어야 한다. 예를 들어 현재 자재비가 차지하는 포지션을 100으로 봤을 때 20% 정도 된다면 이것이 80%를 차지하는 인건비와의 비례가 어떻게 될 것인가를 고민해야 한다. 인건비는 인상이 되더라도 자재비만큼 폭등을 하진 않는다. 대개 5~10% 정도 인상된다. 두 개를 합산했을 때 리스크 비용이 얼마나 커지는지 계산할 수 있어야 한다.

만일 자재비가 폭등할 조짐이 보이면, 또는 이미 폭등을 했다면 한시라도 빨리 자재를 구입해야 한다. 자재업체들한테만 맡기지 말고, 지정되어 있는 주요 협력사가 만일 자금이 부족해 자재를 못 사면 선급금을 주고서라도 사게 만들어야 한다. 그런 선제적인 조치를 빨리 취해야 비용이 절감된다. 돈이 없으면 대출을 받더라도 자재를 쌓아놓아야 한다. 자재는 곧 힘이기 때문이다.

그리고 현장에 있는 소장들은 이 자재가 다른 현장에 갔을 때 어떤 역할을 할 것인가를 고민해야 한다. 예전에 센트레빌 동부건설 현장소장을 했을 때의 일이다. 지하 공사를 끝내고 나니 합판이 3,000장 정도 남았다. 공사가 끝나면 대개 사용했던 합판을 폐기처분하는데 나는 폐기처분하지 않고 합판에 박힌 못을 빼고 잘 정리를 해뒀다. 그 합판을 그다음 현장인 평촌 아크로타워 공사에 재활용했다. 당시 테이블폼으로 18mm 합판을 쓰거나 12mm 합판 두 장을 붙이면 되는 상황이었다. 바닥에는 굳이 좋은 합판을 안 써도 되므로 지난 현장에서 사용했던 합판을 바닥에 깔고 그 위에 새 합판을 깔아서 새 제품처럼 만들었다. 현장소장이라면 이처럼 합판 한 장도 효율적으로 사용할 수 있는, 그런 생산적인 생각을 가져야 한다. 이게 바로 경영자 마인드다.

경영자 마인드가 아닌 직원의 마인드를 갖고 있으면 결코 경영자가 될 수 없다. 현장소장과 PM은 현장의 일주일, 한 달, 한 분기, 그리고 1년의 마감을 시뮬레이션하고 적정한 피드백을 할 수 있어야 한다. 또한 미래를 예측하고 예측이 잘못됐으면 수정하고 제 궤도로 돌아갈 수 있도록 조치를 취해야 한다.

사실 경영자가 아닌 직원이 그런 생각을 하기가 쉽진 않다. 그래서 나는 수시로 PM 교육을 통해 경영자의 마인드를 갖게 한다. 예를 들어 자재가 3개월 뒤부터 폭등할 것으로 예상되면 PM에게 미리 준비를 시킨다. 선제적으로 예견하는 대응 능력이 없으면 회사는 망할 수밖에 없다. 조직 구성원들은 역량이 부족한 리더의 말은 신뢰하지 않는다. 그러면 일이 제대로 굴러갈 수 없다. 실력이 뒷받침되지 않은 자신감은 허세일 뿐이다. 확실한 실력을 갖춘 강한 리더만이 조직을 제대로 이끌고 큰 성과를 거둘 수 있다.

한 템포 빠르게
또는 아예 늦게 움직여라

상대가 인식하기 전에 준비하라

태일씨앤티를 창업하기 전 오랫동안 몸담았던 K사의 전임 사장으로부터 많은 것을 배웠다. 그분이 일했던 방식 중에 잘했던 건 배워서 내 것으로 만들고, 잘못했던 건 반면교사로 삼아 그런 잘못을 되풀이하지 않으려고 노력한다. 특히 그분이 잘했던 게 '한 템포 빠르게 들어간다!'였다. 그분은 항상 직원들에게 공사가 끝날 때까지 도면을 완전히 숙지하고 있어야 한다고 말했다. 숙지를 한다는 건 다음 일을 대비한다는 의미다.

건축물 도면과 구조물 도면은 상이한 부분이 많다. 서로 다른 사람이 그렸기 때문이다. 건축물 도면은 건축 전체를 중심으로 그리는 것이고, 구조물 도면은 철구조물을 중심으로 그린다. 두 개를 합쳐서 보면 차이가 나는 부분이 종종 있다. 이럴 때 어느 한쪽에서 그 차이를 제거해줘야 한다. 그런데 대개 이런 사실을 알고도 무시하고 공사를 하는 경우가 빈번하다. 그러면 일이 한창 진행된 다음 문제가 발생해 거기에 대한 판단을 내리고 문제를 바로잡는 시간 동안 공사가 중단되어 결국 공기가 지연되고 비용이 추가로 투입되어 큰 손실을 입게 된다.

하지만 우리 회사는 '한 템포 빠르게 들어간다!'를 적용해 공사를 하기 전에 미리 시스템을 정확히 이해하고 설계도면을 완벽히 숙지한 다음 사전 검토 작업을 끝내고 마감까지의 과정을 시뮬레이션해본다. 이 과정에서 시공이 안 되는 부분을 체크해서 사전에 수정하고 이 문제에 대한 대안을 찾아낸다. 설계도면의 차이로 인해 나중에 발생할 문제에 대한 해결책을 미리 마련함으로써 공사에 차질이 없도록 사전에 방지하는 것이다.

이처럼 상대가 인식하기 전에 '한 템포 빠르게 준비'해서 차질 없이 일할 수 있게 만들어주면 일을 의뢰하는 클라이언트 입장에서는 나중에 생길지 모르는 손실을 미리 대비할 수 있으므로 우리 회사에 대한 신뢰도가 높아진다.

내일을 위해 오늘 한 템포 빠르게

'한 템포 빠르게'가 클라이언트인 원청사와의 관계에만 해당되는 것은 아니다. 우리에게 자재를 공급하는 협력업체와의 관계에도 동일하게 적용된다. 최근 몇 년간 자재비가 지속적으로 폭등해 자재 공급이 원활하지 못했다. 그래서 사전에 자재를 구입해 원가를 절감하고자 했다. 그런데 협력업체가 자금 부족으로 자재를 구입하기 힘든 상황이었다. 우리 회사는 협력업체의 어려움을 한 템포 빠르게 파악해 자재비를 선금 형태로 줘서 자재를 구매할 수 있도록 도와주었다. 원청사든 협력업체든 모두 태일씨앤티와 신뢰 관계로 이루어져 있다. 서로가 신뢰를 할 때 서로의 관계는 지속될 수 있는 것이다.

'한 템포 빠르게'는 이런 큰 업무뿐만 아니라 매일매일의 일상적인 업무에도 적용된다. 내일 일을 위해 오늘 미리 준비하는 것, 오후에 필요한 자재를 오전에 준비하는 것, 다음 공정을 위해 필요한 인력을 미리 확보하는 것도 한 템포 빠르게 하는 것이다.

감동은 한 템포 늦게

서두르지 않는다, 여유 있게 산다, 느리게 산다는 의미를 표현할 때 '한 템포 느리게'라는 말을 쓴다. 이 말을 완전히 다른 의미로도 사용할 수 있다.

누군가한테 선물을 줄 때를 생각해보자. 특히 명절 때 선물을 많이 주고받는데, 그때는 주는 사람이 많아서 선물을 받아도 표시가 잘 안 난다. 그런데 명절이 한 달이나 한 달 반 정도 지나 그동안 받은 선물이 거의 소진될 즈음 선물을 하면 '어! 이 사람이 왜 나한테 선물을 줬을까'라는 생각하게 마련이다. 한 템포 늦게 선물을 주면 상대에게 나의 선물은 물론 나에 대해 확실하게 각인시킬 수 있다. 누구나 다 하는 행동을 일부러 다른 사람보다 아예 늦게 해 나를 돋보이게 만드는 전략이다.

대부분의 사람들이 '한 템포 빨리'만 생각하고 '한 템포 늦게'를 생각하지 못한다. 뭐든 남들보다 빨리 해서 두각을 드러내기 위함이다. 하지만 한 템포 빠르게와 느리게를 적절히 활용하면 틈새를 정확하게 공략해 원하는 목적을 보다 효율적으로 달성할 수 있다. 이때 주의해야 할 점은 목적이 단지 나만의 이익을 추구하는 것이어서는 안 된다는 점이다. 한 템포 빠르게 하는 것도 한 템포 느리게 하는 것도 모두 고객을 중심에 두고 사고하는 데서 비롯되어야 한다. 한 템포 빠르게 해서 고객 만족을 가져오고 한 템포 늦게 해서 고객 감동을 불러일으킨다면 어떤 일이든 이뤄낼 수 있을 것이다.

다양한 직무에 능통한 멀티 인재가 되어야 한다

자신만의 성을 허물어라

나는 직원들의 직무 영역을 변경해 여러 부서를 돌아가며 배치해 다양한 업무를 경험해보게 한다. 다방면의 경험과 지식을 쌓게 하기 위함이다. 이렇게 하면 역량이 부족한 사람이 업무를 맡아 회사에 문제가 생기는 게 아니냐며 걱정하는 사람도 있다. 물론 어떤 분야든 기본적인 실력은 있어야 한다. 그런 실력마저 없을 경우 업무를 맡은 초기에는 잡음이 생길 수도 있다.

그렇다 하더라도 돌아가면서 다 경험해보는 게 개인이나

조직에 훨씬 유익하다. 몇 년간 경험해보니 직원들이 성장하는 데 결과적으로 큰 도움이 되었다.

사실 돈을 관리하는 재경팀이나 자재나 공사를 관리하는 공무팀이나 큰 맥락에서 보면 크게 다를 게 없다. 기술팀이나 현장에서 일하는 직원 또한 특별할 게 없다. 자신의 분야에서 역량을 강화하기 위해 자기 영역을 구축하고 그 일만 잘하려고 하다 보면 문제가 생기게 마련이다. 특히나 돈을 관리하는 재경팀의 경우 대단한 힘을 가졌다고 착각하기 쉽다. 엄밀히 따지면 돈 관리는 숫자 놀음에 불과하다. 수백억 원의 돈을 다루어도 그 돈은 회사 돈이지 그 돈을 관리하는 사람의 것이 아니다. 그러므로 자기를 내려놔야 한다.

자기 것을 고집하지 마라

다른 부서를 견제하고 팀 간에 벽을 치고 자신이 속한 부서의 일만 잘하려고 하면 결국 소통에 문제가 생겨 조직 공동의 목표를 이루기 힘들다. 이를 '사일로 현상(silo effect)', 즉 '부서 이기주의 현상'이라고 한다. 재경팀이든 공무팀이든 자재팀이든 어느 소속이든 다 함께 하나의 목표를 향해 나아가는 회사의 구성원이다. 자기만의 성을 견고하게 쌓아 외부인이 못 들어오게 차단해서는 안 된다.

이런 현상을 방지하기 위해 우리 회사는 업무 로테이션을 하고 있다. 예전 공무팀장이 지금 재경팀장을 맡고 있고, 재경팀에 있던 상무는 투자기획실로 보냈다. 그리고 기술팀과 공무팀을 통합시켜서 공무팀장이라는 새로운 직위를 만들어 기술팀장이던 이사가 맡게 했다. 자신이 잘하는 익숙한 것과 결별해야 하므로 직원들은 업무 로테이션을 좋아하지 않을 수 있다. 하지만 늘 하던 일만 하면 우물 안 개구리가 된다. 더 넓은 세상에서 자신의 능력을 발휘하려면 멀티화가 되어야 한다. 특히 회사를 책임지는 임원들의 경우 회사 내 모든 부서에 대해 두루 아는 게 좋다. 그래야 회사 전반을 바라보는 통찰력이 생기고 어떤 부서에 문제가 생기더라도 업무 파악이 되므로 문제를 신속하게 해결할 수 있다.

융합형 멀티 인재가 되어라

오늘날 자동차는 어느 집이나 다 한 대씩 있을 정도로 우리가 살아가는 데 없어서는 안 될 필수품이지만, 19세기 처음으로 증기자동차가 등장했을 때 자동차는 사람들에게 그다지 환영받지 못했다. 당시 사람들은 마차를 주요 교통수단으로 이용했는데, 자동차로 인해 승객을 빼앗긴 마부들이 일자리를 걱정해 영국 의회에 청원을 넣었다. 철도업계 또한 청원에 동참했다. 영국 의회는 '적기조례'를 만들어 시내에서는 시속 3.2킬로미터, 교외에서는 시속 6.4킬로미터로 속도를 제한했다. 증기자동차가 달리면 신호수는 차량의 앞에서 걸어가며 붉은 깃발을 들고 마차나 말이 접근할 때 위험신호를 보내는 역할을 했다. 결국 자동차는 마차보다 느리게 갈 수밖에 없었다. 적기조례는 무려 31년간 존속했고, 영국의 자동차 기술자들이 미국과 독일로 갔다.

그 결과 오늘날 영국보다 미국과 독일 자동차산업이 훨씬 더 발달했다. 혁신적인 기술을 개발해놓고도 시대착오적인 어리석은 발상이 낳은 결과였다. 자동차뿐만 아니라 타자기, 필름카메라 등 수많은 혁신적인 것들이 역사의 뒤편으로 사라졌다. 그 일에 종사하던 사람들의 직업도 함께 사라졌다.

지금은 과거보다 변화의 속도가 훨씬 빨라졌다. 얼마 전까지만 낯설게 느껴졌던 4차 산업혁명이라는 말도 이제는 일상 속에 자리 잡았다. 인공지능으로 대변되는 AI 시대는 융합의 시대다. 자기 것을 자꾸 고집하면 안 된다. 자신의 분야는 물론 다양한 직무에 능통한 융합형 멀티 인재만이 살아남을 것이다.

3장

숨어 있는 영웅을 찾아서

대리에게
기업의 혁신을 맡기다

3년에 걸쳐 완성된 인트라넷

2019년 7월, 드디어 태일씨앤티 자체 서버가 구축되었다. 2018년 하반기부터 시작한 '전사적 전산화 시스템 구축' 프로젝트의 첫 단추가 끼워진 것이다.

그동안 우리 회사는 외부 업체에서 만든 인트라넷 프로그램을 사용하고 있었다. 그런데 다양한 분야의 업체들이 사용하는 프로그램이다 보니 아무래도 우리 회사 실정에 맞지 않는 부분이 많아서 여러 가지 불편함이 있었다. 게다가 건설회사들은 IT 부분에 투자를 하지 않는 편이라 건설사의 특성을 제대로 반영한 인트라넷을 찾아보기 힘들었다.

대기업의 경우 자체 인트라넷을 사용하지만, 중소기업은 대개 전문 프로그램 회사에서 만든 것을 사용한다. 인트라넷을 구축하려면 최소 1억 원 이상 투자해야 하고, 1년 이상의 기간이 필요하기 때문이다. 사실 우리 회사보다 규모가 큰 건설회사들도 대부분 외부 인트라넷을 사용하기 때문에 굳이 비용과 시간을 들여서 해야 할 일은 아니었다. 비용이나 시간 면에서 볼 때 과연 투자할 가치가 있는 일인지 고민스러웠다.

하지만 앞으로 태일씨앤티의 비전과 미래를 위해 과감한 결단이 필요했다. 4차 산업혁명으로 하루가 다르게 세상이 변하고 있는데, 자기 자리에 안주하고 있으면 발전은커녕 도태될 수밖에 없다. 나를 믿고 회사의 비전을 바라보며 일하는 직원들의 더 나은 미래를 위해 그 정도의 투자는 해야 하지 않을까 하는 생각이 들었다.

개발 시간과 전사적 협조가 필요한 사항이라 각 부서의 부서장과 임원 모두의 의견을 청취해 전사적인 협의와 결정 과정을 거쳤다. 모두들 이에 동의했고 해보자는 쪽으로 의견을 모았다. 이후 곧바로 실행에 들어갔다. 나는 한번 결정한 일은 뒤도 안 돌아보고 앞을 향해 내달리는 성격이다. 다만 결정하기 전에 다각도로 생각하며 충분한 고민의 시간을 갖는다.

의욕적으로 출발했지만 막상 시작하고 보니 예상치 못한 걸림돌을 만났다. 회사 내부에 이 일을 맡을 적임자가 없었다. 다들 건물만 지을 줄 알지 컴퓨터 프로그램에 대해서는 문외한이나 마찬가지였다. 외부에서 전문가를 영입할까 하는 생각을 잠시 하기도 했다. 대부분의 회사는 이런 경우 프로그램 제작 전문회사에 아웃소싱을 하거나 전문가를 영입한다.

그렇지만 '조금 천천히 가더라도 내부에서 인재를 키우자.'라는 나의 경영 원칙이 떠올랐다. 어차피 우리 회사 실정에 맞게 만들어야 하니 사내에서 적임자를 찾는 게 올바르다는 판단이 들었다. 회사의 비전에 맞춰 내부 인재를 발굴하고 키워나가며 한 걸음 한 걸음 인트라넷을 구축하다 보니 당초 계획보다 시간도 더 걸리고 예산도 초과했다. 하지만 내부 인재가 인트라넷을 구축했다는 점에서 더 가치 있는 일을 해낸 셈이다.

전산 담당자가 프로젝트를 책임지다

인트라넷 구축을 책임진 사람은 최자량 과장이다. 그는 다른 업계에서 전산 업무를 담당하다 우리 회사 전산 업무 담당자로 입사했다. 전산 관련 회사에서 일한 경험도 있는 데다 우리 회사 전산 업무 담당자이다 보니 자연스레 최 과장에게 일을 맡기게 되었다.

이 프로젝트를 맡을 당시 그는 대리였다. 전산 업무 능력은 충분했으나 건설회사에서 일해본 경험이 없어 우리 회사에 적합한 인트라넷을 구축하기에는 역부족이었다. 일을 제대로 하려면 무엇보다도 회사 업무에 대해 파악하고 있어야 한다. 그래야 우리 회사에 적합한 프로그램을 만들 수 있다.

우선 전문건설업 전반에 대한 학습을 시키기로 하고, 전산 업무 외에 일용직 관련 노무 쪽 일을 맡겨 회사 업무 전반에 대한 지식을 쌓게 했다. 그렇게 하나하나 실무 경험을 쌓아가면서 동시에 인트라넷 구축을 위한 작업을 추진해나갔다. 2019년 9월에 홈페이지를 만들었고, 2019년 12월 그룹웨어를 개발했다.

전폭적인 지지가 가져다준 최상의 결과

일 욕심이 많은 최 과장은 자신의 능력을 뛰어넘는 성과를 냈다. 사실 최 과장이 건설업계에서 일한 경험이 없어 내심 걱정이 되긴 했다. 하지만 일을 맡기면 분명 잘해내리라는 신뢰가 있었다. 어차피 앞으로 젊은 친구들이 회사를 이끌어 나가야 하고, 그동안의 업무 처리 스타일이나 일을 대하는 태도를 봤을 때 최 과장이 그 일의 적임자란 생각이 들었다. 그래서 과감한 결정을 내렸다. 입사한 지 얼마 안 된 대리에게 회사 시스템 혁신을 맡기기로 한 것이다.

어느 날, 일의 진척 상황을 확인하기 위해 최 과장을 불렀는데 그는 전혀 예상치 못한 말을 해 나를 파안대소하게 만들었다.

"제가 뭔가를 제안하면 사장님이 너무 쉽게 오케이를 하셔서 이게 뭐지 하는 느낌이 들었습니다."

평소 완벽성을 요구하는 내 업무 스타일을 봐왔던 터라 쉽게 오케이를 하는 나의 모습이 낯설었던 모양이다. 나는 일단 마음의 결정을 내리면 담당자가 그 일을 잘 해내리라 믿고 전폭적인 지지를 해준다. 그 사람에게 일을 맡기기로 결정한 사람은 다름 아닌 나 자신이기 때문이다. 최 과장은 건설회사에서 일한 경험도 없는 자기를 믿고 큰 프로젝트를 맡긴 나의 기대에 부응하기 위해 더 열심히 일해야겠다고 마음먹었다고 한다.

우리 회사 규모로 볼 때 전산 시스템 구축에 5억 원이 넘

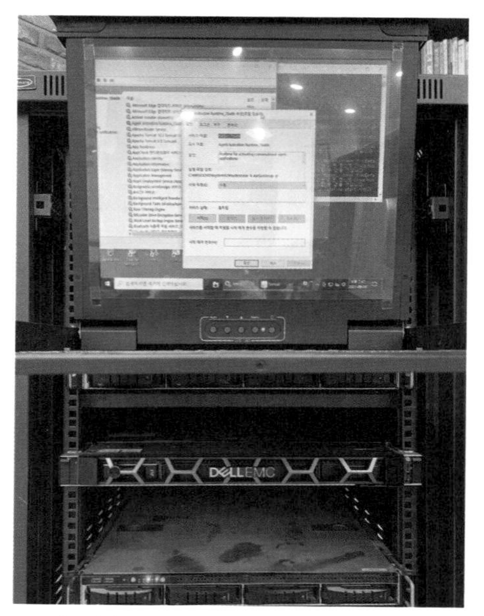

전문건설기업의 현실을 반영한 인트라넷 운영 서버

는 돈을 투자하기란 쉽지 않다. 하지만 직원을 믿고 과감하게 투자한 결과 우리 회사 전산 시스템은 그 어느 건설사보다 탄탄하게 구축되었다. 다른 건설회사에서 우리 회사 프로그램을 이용하겠다는 연락도 종종 온다. 2022년에는 전문건설기업 두 개 사 정도를 선정해서 기술을 지원하고 접목과 실행절차를 거쳐 상용화할 계획을 갖고 있다. 전문건설기업의 현실을 잘 반영한 프로그램으로 널리 사용되기를 기대해본다.

숨어 있는 영웅을 찾아서

돈을 구하러 다니다 은인을 만나다

2013년 회사를 설립해 지금까지 운영해오면서 가장 힘들었던 부분은 자금을 마련하는 일이었다. 태일씨앤티를 시작한 첫 해인 2013년 3,800만 원에서 2014년 250억 원, 2015년 400억 원(전년 대비 160% 성장), 2016년 800억 원(전년 대비 200% 성장), 2017년 900억 원(전년 대비 125% 성장)……. 거침없이 성장하다 보니 이에 따른 투자 자금 또한 더 많이 필요해졌다.

특히나 회사 설립 후 1년간은 두려움의 시간이었다. 공사가 장기간에 걸쳐 이루어지다 보니 결제되기까지의 시간을 버티기가 너무 힘들었다. 매달 들어가는 직원들 월급과 사무실 유지비 등의 고정비용을 줄일 수 없었기 때문이다.

그동안 알고 지냈던 지인들에게 연락해 자금 수혈에 나섰지만 그 누구도 선뜻 도와주지 않았다. 금융기관들도 마찬가지였다. 우리은행, 신한은행, 외환은행, 농협 등을 찾아갔으나 다들 실적과 매출을 요구하며 다음에 보자고 했다. 자금 걱정에 새벽 5시쯤에 눈을 떠서부터 늦은 밤 잠자리에 들 때까지 날밤을 지샌 날도 부지기수다.

그 시간 동안 수많은 생각이 들면서 번뇌로 가슴이 먹먹해졌다. 건설업의 경우 경영 위기를 극복하지 못해, 해서는 안 될 선택을 하는 경영자들이 유독 많은 것 같다. 나 역시 그런 유혹에 시달리기도 했다. 내가 꿈꾸었던 회사는 여기까지인가 하는 자괴감이 들면서 세상을 등진 선배들의 모습이 떠올라 견디기가 힘들었다.

그런 나를 구해준 감사한 사람이 있었다. 신용보증기금 구로지점 C지점장이다. 자금을 구하기 위해 구로지점에 들러 그동안 내가 어떻게 일해왔는지, 지금 회사 사정이 어떠한지 이야기했더니 C지점장은 내게 우리 사회의 숨은 영웅이라면서 아낌없는 찬사와 함께 나의 숨통을 틔워주었다.

"회사의 재무구조를 살펴보면 숨어 있는 영웅의 회사들이 많다는 걸 느낍니다. 겉으로 드러내지 않으면서 회사를 단계별로 키우는 사람들이 참 많은데, 내가 보기엔 당신이 그렇습니다."

그분은 우리 회사의 재무구조를 살펴보고 개선책을 알려주면서 자금을 지원해주었다. 당시 그 자금은 내겐 생명수였다. 그 덕분에 무사히 위기를 넘길 수 있었고 오늘날 태일씨앤티가 가야 할 목적지를 향해 열심히 순항하고 있다. 지금도 그분을 친구처럼 만나고 있다. 그분은 지점장을 거쳐 본부장, 상임이사까지 역임했다. 그분을 만나지 못했으면 나의 꿈은 거기서 끝났을지 모른다. 그분 같은 사람들 덕분에 용기를 잃지 않고 더 나은 미래를 위한 꿈을 꾸며 한발 한발 나아갈 수 있는 것 같다.

자신의 일을 묵묵히 해내는 사람이 숨은 영웅이다

신용보증기금 구로지점 C지점장은 나 같은 사람이 숨은 영웅이라며 과분한 말씀을 해주셨지만, 내가 보기엔 숨은 영웅은 도처에 있다. 화재 현장에서, 사고 현장에서, 병원에서,

거리에서 묵묵히 자신의 일을 해내는 사람들이 숨은 영웅이다. 그들은 자신의 목소리를 높이지 않기 때문에 평소엔 눈에 잘 띄지 않지만 〈어벤져스〉 히어로처럼 위기의 현장에서 빛을 낸다. 숨은 영웅이 없다면 우리 사회는 잘 돌아가지 않을 것이다.

회사 내에서도 마찬가지다. 현장소장이나 PM, 대표이사 등 리더들이 회사를 이끌어나가는 것 같지만 아니다. 또한 어떤 일을 해내면 자신이 대단한 일을 했다고 공치사하는 사람들이 주도적으로 일을 하는 것 같지만, 사실은 자기 목소리를 높이지 않고 자신의 일을 묵묵히 해내는 직원들이 회사를 존재하게 만드는 것이다. 공사 현장에서도 일용직 근로자들이 자재를 사용해서 뭔가 일을 해줘야 그다음에 연결되는 사이클이 돌아가 공사가 제대로 마무리되듯이, 조직을 구성하는 한 사람 한 사람이 모두 소중하다.

말하지 않고 항상 자기 자리에서 자신의 일을 해내는 사람, 그런 사람이 숨어 있는 영웅이다. 그런 사람의 진가를 알아보고 더 크게 성장할 수 있도록 지원해주고 요구하지 않아도 알아서 먼저 보상해주는 것, 숨어 있는 영웅을 찾아주는 게 리더의 역할이라고 생각한다. 이 세상을 위대하게 만드는 건 정치인도 셀럽도 아니다. 바로 숨어 있는 영웅, 자기 자리에서 자신의 일을 묵묵히 해내는 사람들이다.

사람에 대한 투자

사주명리학으로 유명한 조용헌 박사는 돈의 속성을 재다신약(財多身弱)의 이치로 보았다. 재물이 많으면 몸이 약해진다는 의미다. 그래서 큰 재물을 감당하려면 재다신강(財多身強), 즉 몸이 강해야 한다고 말한다. 여기서 몸이 강하다는 것은 우리가 흔히 생각하는 육체적으로 튼튼한 것이 아니라, 어떤 상황의 핵심을 간파해내는 판단력이 정확한 것을 의미한다. 조용헌 박사는 이를 위해 끊임없이 공부하는 사람을 가까이하고 본인도 책을 보고 지혜로운 사람들과 어울려야 한다고 조언한다.

또한 작은 부자는 돈을 아껴서 부자가 되지만, 큰 부자는 돈을 써서 부자가 된다며 식신생재(食神生財)를 강조한다. 이는 주변 사람들에게 돈을 푸는 사람이 돈을 제대로 쓰는 사람이란 얘기다. 재벌 창업자들의 사주팔자를 보면 공통적으로 식신생재 스타일이 많다고 한다. 그리고 이들은 지인지감(知人之鑑), 즉 사람의 됨됨이를 알아보는 안목이 있어 사람에 대해 과감하게 투자한다.

그런 재벌 창업자나 큰 부자가 아니더라도 주변 사람들에게 돈을 풀어 돈을 제대로 쓰고, 지인지감 능력을 갖추는 것은 기업을 운영하는 경영자라면 마땅히 가져야 할 덕목인 것 같다. 사람을 잘 뽑아놓으면 만사가 제대로 돌아간다는 "인사(人事)가 만사(萬事)"라는 말도 있지 않은가.

누구나 돈의 주인이 될 수 있다

내가 아는 모 건설사 대표는 본인이 소유한 사무실을 자기 회사에 임대를 줘서 임대 수익을 챙기고 개인 자재 회사를 운영하며 개인 자산을 축적하고 있다. 이런 행동을 하는 경영자를 보면 그 사람이 잘못하고 있는 게 아니라 혹시 내가 잘못된 경영관을 가지고 있는 건 아닌지 가끔 의구심이 들기도 한다.

하지만 돈에 이름이 쓰여 있지 않은 이유가 누구나가 주인이고 누구나가 가질 수 있기 때문이 아닐까. 내가 힘들었을 때 나를 도와준 신용보증기금 구로지점 C지점장처럼, 나는 그동안 축적한 자산으로 이제는 내가 숨은 영웅들을 찾아내고 그들을 도와주고 성장시키는 역할을 하고 싶다. 그게 내가 받은 도움에 대한 보답일 것이다. 그리고 정당한 승계문화를 만들어 태일씨앤티를 이끌어나갈 차기 경영자를 키우는 것도 내가 2013년 8월에 이 세상에 출사표를 던진 이유가 아닐까 한다.

사람이
돈이다

분배 실패, MZ세대의 반란

1980년대 초반부터 2000년대 초반에 출생한 밀레니얼 세대와 1990년대 중반부터 2000년대 초반에 출생한 Z세대를 합쳐 'MZ세대'라고 한다. 흔히 말하는 2030세대다. 통계청에 따르면 MZ세대는 2019년 기준 약 1,700만 명으로 국내 인구의 약 34%를 차지한다. MZ세대들은 기성세대의 눈으로 보면 어디로 튈지 모르는 이들이다.

2021년 1월 SK하이닉스 직원은 회사가 좋은 실적을 냈음에도 성과급을 충분히 주지 않았다며 성과급 산정 기준을 공개해달라며 CEO에게 항의 메일을 보냈다. 삼성전자 직원은 실적을 더 낸 반도체가 가전이나 스마트폰보다 성과급을 적게 받는 이유가 뭐냐며 불만을 제기했다. 2월엔 LG화학 직원이 성과급 책정에 문제가 있다고 지적했다. 그리고 네이버는 직원들의 성과급에 대한 불만이 거세지자 대표가 직원들에게 설명을 하는 자리를 가졌고, 카카오는 5조 원 기부에 대한 직원들의 의견, 인사평가의 정당성에 대한 논란으로 사내 청문회를 열었다.

이처럼 MZ세대는 불공정에 대해 참지 않고 과감한 행동에 나서 자신의 의견을 표출한다. 회사가 이만큼 돈을 벌었으면 직원들이 있기 때문에 돈을 버는 거 아니냐, 그럼 분배를 어느 정도까지는 원칙에 따라서 해줘야 하는 거 아니냐는 입장이다. 그들의 행동을 이해할 수 없다고, 아직 어려서 세상물정 몰라서 저런다고 단정지어서는 안 된다. 그들은 투명성과 공정성을 중요하게 여긴다. 다시 말해 '많이'보다는 '투명한 기준'을 요구하는 것이다. 공정 분배 요구는 이미 시대적 변화이므로 이들과 적극적으로 소통하여 이들의 생각을 읽어내고 합당한 해결책을 만들어내기 위해 노력해야 할 것이다.

큰돈은 사람이 벌어다 준다

MZ세대들의 이러한 주장이 아니더라도 이제 우리 사회의 분배 마인드는 바뀌어야 한다. 나만 잘살고, 나만 능력 있으면 된다는 생각을 버려야 한다. 이제는 모두 함께 잘사는 것을 고민해야 할 때다. 분배를 정확하게 잘하면 나와 직원이 함께 성장할 수 있다. 직원이 실적을 더 많이 내면 회사는 더 큰 돈을 벌 수 있다.

작은 돈은 아껴서 벌 수 있지만 큰돈은 사람이 벌어다 준다. 나는 사람이 돈이라고 생각한다. 돈과 사람 둘 중의 하나를 고르라고 하면 사람을 선택할 것이다. 돈을 벌어주는 것은 사람이기 때문이다. 직원들이 일을 잘해서 성과를 내면 회사는 별도의 영업을 할 필요가 없다. 그동안 성공적으로 해낸 결과물을 보여주면 되니까.

우리 회사가 2015년도에 평택 반도체 공장 1기 공사를 시작해서 3기 공사까지 해오고 있는 것은 별도의 영업을 해서가 아니다. 수백억 규모의 공사를 계속해올 수 있었던 것은 그 현장을 맡은 직원들이 일을 잘했기 때문이다. 3기는 S전자가 원가절감을 위해 공개입찰을 했지만, 1기부터 2기는 입찰을 통한 계약이 아니라 수의계약이었다. 다시 말해 S전자에 실력으로 신뢰를 줬기 때문에 가능했던 일이다.

결국 현장에서 일한 모든 직원이 영업사원이었던 셈이다. 그러므로 당연히 그들에게 그만큼 베풀어줘야 한다. 내가 열심히 일해서 이만큼 일했는데, 분명 회사는 엄청난 이익을 챙긴 것 같은데 나한테 돌아오는 게 없으면 '이게 뭐지? 앞으론 적당히 일하고 월급만 받으면 되겠네.'라는 생각을 하게 마련이다.

이익이 나기 전엔 직원들에게 무슨 말이든 할 수 있다. 승진도 시켜주고 인센티브도 준다고. 그런데 이익이 많이 나면 직원한테 주기 아까워 겨우 생색만 내거나 경영자 본인의 주머니 속에 다 들어가는 경우가 많다. 그런 사람들 머릿속엔 이익을 내라고 직원들에게 월급을 주는데 내가 왜 더 많이 챙겨줘야 하냐는 생각이 깔려 있다. 직원들이 한두 번은 참고 넘어갈 수 있지만 그게 반복되면 경영자를 신뢰하지 않는다.

때로는 감정에 호소하는 경영자도 있다. 분배 문제에 불만을 가진 직원이 퇴사를 하려고 하면 "이제 판을 제대로 벌려 놓았는데 네가 나가면 나는 어떡하냐?"는 식으로 눈물로 호소하며 바짓가랑이를 붙잡는다. 이런 방법도 몇 번은 먹힐 수 있다. 하지만 진정으로 내 사람을 만들려면 달콤한 말로 비위를 맞추고 현혹시킬 게 아니라 상대를 신뢰하고 실질적인 대가를 지급해야 한다.

태일씨앤티를 창업하기 전 K사에서 일할 때 D산업 공사를 한 적이 있었다. 원청사였던 D산업 현장소장은 매우 깐깐하면서도 우직하고 보수적인 사람이었다. 나는 당시 담당 임원으로 공사 프레젠테이션을 맡아 수의계약으로 프로젝트를 따냈다. 그리고 '클라이밍 프로텍션 패널(CPP, Climbing Protection Panel)'이라는 신기술을 국내 최초로 도입해 성공적으로 공사를 끝냈다. 이 기술을 익히기 위해 독일에 견학까지 갔고 현장에 접목시켜 그해 최고의 수익을 냈다. 최고의 수익을 낸 현장이었지만 현장에서 고생한 직원들에겐 그 열매가 제대로 돌아오지 않았다.

한마디로 분배의 실패였다. 최고의 수익을 냈으면 직원들에게도 그에 상응하는 대가가 돌아가야 한다. 직원들이 엄청난 노력을 기울여서 성과를 냈는데 회사와 오너가 다 가져가 버리는 일이 몇 번 반복되면 결국 직원들은 열심히 일할 동력을 잃어버리고, 본인의 성과와 가치를 인정해주는 자리로 이직하고 싶은 생각이 들게 마련이다.

성공의 열매는 다 함께 나눠 가져야 한다

태일씨앤티는 2013년에 첫 출발해 2016년까지 열심히 투자해서 기반을 다졌다. 그리고 2017년부터 빛을 보기 시작했다. 2013년 첫해 매출은 30억 원이었는데 2017년에는 900억 정도의 매출을 올렸다. 매출이 안정기에 들고부터는 영업이익이 중요했다. 그래서 수익 위주로 전환했다. 당초 2022년까지 영업이익 10%가 목표였는데 2020년 말부터 조금 주춤하고 있다. 하지만 대기업의 경우도 영업이익이 10% 정도이니 전문건설업체로서는 나쁜 편은 아니다.

그리고 회사 이익을 직원들과 함께 나누기 위해 인센티브를 적용하는데, 전체 이익 공유 인센티브와 성과 인센티브가 있다.

전체 이익 공유 인센티브는 1년에 두 번 설날과 추석 때 지급하는데, 지급 비율이 다른 회사와 조금 다르다. 일반적으로 직급이 올라갈수록 더 많은 인센티브를 주는데, 우리 회사는 높은 직급보다 낮은 직급이 더 많은 비율의 인센티브를 받는다. 현장소장이나 부장급 이상들은 월급을 많이 받고 중간관리자인 과장, 차장은 월급을 적게 받으니 인센티브를 더 많이 줘야 된다고 생각해서 이런 제도를 만들었다.

기사들이 과장인데 이들은 현장에서 발로 뛰며 실질적으로 일하는 사람들이다. 그리고 향후 태일씨앤티의 미래는 그들한테 있다. 그래서 나는 그들 중심으로 인센티브를 주는 게 맞다고 생각한다. 2020년에 인센티브로 지급한 돈이 5억 원 정도 된다. 2019년엔 인센티브를 자기 연봉만큼 가져간

직원도 있었다. 나는 이런 건 불공평하다고 생각한다. 특정인에게 인센티브를 몰아주지 말고 아래에 있는 직원들도 성과의 열매를 골고루 나눠 가질 수 있어야 한다. 분배를 조금이나마 공평하게 하자는 의도다.

그리고 각자 연초에 계획했던 과제를 연말에 달성하면 그게 이익구조로 나오는 게 아니더라도 목표를 달성한 사람에게는 성과 인센티브를 지급한다.

태일이 오늘만 살 회사는 아니니까 향후 5년, 10년 후를 바라보면서 직원들을 키우고 싶다. 그리고 아무나 들어올 수 있는 회사가 아니었으면 좋겠다. 한번 입사하면 안 나가고, 저 회사에 꼭 들어가고 싶다고 희망하는 회사였으면 좋겠다는 생각을 많이 한다.

창업 10주년을 기다리며

우리 회사에는 현재 9명의 현장소장이 있다. 그중 2명은 현장소장 겸 이사다. 앞으로 지속적으로 현장소장의 숫자를 늘려갈 생각이다. 위가 막히면 아랫사람에게 길을 열어줄 수 없기 때문이다.

나는 직원들에게 자신의 인생에 대한 그림을 그려보라고

세르파벤처스 대표로 새로운 삶을 시작하는 전명훈 대표를 응원하며!

한다. 3년 후, 5년 후, 10년 후 은퇴하고 싶은 시기는 언제인지 자신의 인생 계획서를 만들어보게 한다. 그리고 전문 컨설팅 회사와의 컨설팅을 통해 인생 계획을 실현하는 방법을 함께 찾아보게 한다.

또한 자신의 목표점이 어딘지 생각해보고, 태일의 오너를 꿈꿔보라고 말한다. 나 역시 평범한 월급쟁이에서 회사 대표가 되었다. 전명훈 상무에게 세르파벤처스 대표를 맡긴 것도 그런 맥락이다. 직원들이 이런 모습을 보면서 '나도 앞으로 오너가 될 수 있겠다.'라고 간접적으로 희망해볼 수 있기를 바란다. 올바른 경영자라면 직원들에게 이런 믿음을 갖게 해줘야 한다.

2023년이면 태일씨앤티가 생긴 지 10년이 되는 해다. 우리 회사는 건설 부문은 태일씨앤티가, 유통과 무역 부문은 태경이노베이션이 맡고 있다. 그리고 스타트업 액셀러레이터 업무를 하던 투자기획실이 2021년 3월 세르파벤처스라는 독립법인으로 분사했다. 2023년쯤이면 태일씨앤티와 태경이노베이션도 나와 함께 회사를 시작한 이들에게 책임경영을 맡기고 나는 한발 뒤에 서서 지켜보고 싶다. 객관적인 승계 기준을 마련하고 그 원칙에 따라 차기 경영자를 정할 계획이다. 그리고 회사의 파이를 키워 회사 주식을 직원들에게 배분해줄 계획이다. 분배를 정확히 해 태일을 끌고 나가는 사람들이 흔들리지 않고 일할 수 있도록 탄탄한 기반을 만들어 주고 싶다.

2023년 10주년을 기념하는 자리에서 다들 어떤 모습으로 서 있을지 무척 기대가 된다. 그 후 10년 뒤의 모습 또한 차근차근 준비해나가고자 한다.

협상의 목적은 서로 윈윈하기 위함이다

와튼스쿨 최고 인기 강좌는 협상론

우리는 살아가면서 여러 가지 갈등과 마주하게 된다. 가정에서는 부모 자식 간에, 조직에서 상사와 부하직원 간에, 노사 간에, 그리고 거래처와의 관계에서 등 서로가 자신이 원하는 것을 얻기 위해 다툼이 생긴다. 가정이나 회사뿐만 아니라 국가 간에도 갈등이 생기고 분쟁이 생긴다. 이때 필요한 것이 협상이다.

내가 원하는 것을 상대로부터 얻어내려면 협상이 필수다. 협상에 성공하려면 내 요구가 아닌 상대방이 무엇을 원하는

지를 읽어내야 한다. 그렇지 않으면 협상은 결렬되고 만다. 그러므로 상대방을 이롭게 하는 대화를 해야 한다. 직원들과 대화를 나눌 때도 좋은 이미지를 길게 가져가려면 여러 가지 스킬들을 사용하는데, 안 좋은 얘길 하더라도 좋은 얘기부터 먼저 한 다음 풀어나가면 소통이 잘된다.

세계 최고의 경영 전문대학원 와튼스쿨 수업 중 스튜어트 다이아모드 교수의 협상론 수업은 최고 인기 강좌다. 하버드 대학에는 협상연구소가 있을 정도로 협상 수업을 중요하게 여긴다. 우리나라도 협상의 중요성을 인식하는 사람들이 많아지고 있다.

협상이 매출액을 좌우하기도 한다

2006년 대학원을 다니면서 경영에 대한 여러 가지 수업을 들었는데, 그중 협상론 수업이 매우 인상적이었다. 원도급사와 일을 하다 보면 협상을 해야 하는 경우가 자주 생긴다. 이때 협상을 얼마나 잘하느냐에 따라 일이 수월하게 진행되기도 하고 매출액이 달라지기도 한다. 그래서 협상론에 대해 공부를 해두면 클라이언트와 협상을 하는 데 도움이 될 것 같아 수업을 신청했다. 그런데 수업을 들어보니 협상뿐만 아니라 여러 가지 면에서 큰 도움이 되었다.

협상론 수업을 듣기 전엔 협상을 잘하려면 말을 잘하거나 사전 준비를 잘해서 상대를 설득하면 된다고 생각했다. 하지만 수업을 통해 막연하던 생각이 논리적으로 정리가 되었다. 협상 수업은 실제 있을 법한 상황을 가정하고 협상 과정을 시뮬레이션하는 방식으로 이루어졌다. 학교에서 협상론 강의를 듣고 마지막 과정은 미국에서 공부한 뒤 테스트를 거쳐 협상전문가 자격증을 받는 것이었다. 지금은 국내에서도 자격증을 받을 수 있다. 협상전문가 1급 자격증을 취득하면 법원에 조정위원으로 등록해 소송건이 들어왔을 때 조정을 할 수 있는 자격이 주어진다.

상대의 내면에 숨겨진 것을 찾아라

우리 회사 직원들 대부분은 기술자들이다. 기술자들은 오랜 시간 전문 분야의 일을 해오면서 자신이 맡은 분야에 대한 지식과 경험이 많다 보니 아무래도 다른 직업군에 비해 자기주장이 강한 편이다. 물론 그 덕분에 완벽한 시공이라는 긍정적인 결과물을 낳는다. 하지만 다른 사람을 설득하거나 다른 사람과 특정 주제를 놓고 대화하고 풀어나가는 것을 힘들어한다.

조직을 이끌어나가는 리더는 조직원들이 안고 있는 문제점을 파악하고 그들이 원하는 게 무엇인지 문제를 풀어나가는 대화의 기술이 필요하다. 특히 현장소장의 경우 원도급사 현장소장이나 각 팀장이랑 회의를 많이 하고, 감리나 감독들하고도 소통을 잘해야 한다. 또한 현장 근로자들과도 늘 대화를 나눠야 한다. 이때 말주변만 좋다고 소통이 잘되는 것이 아니다. 논리에 입각해서 얘기할 수 있어야 한다.

서로 갈등이 생겨 논쟁을 벌일 때 처음에는 다들 왈왈거리며 자기주장만 한다. 합당한 논리 없이 무조건 아집이나 고집으로 내 주장을 펴면 상대로 하여금 반발심만 불러일으킨다. 상대의 내면에 숨겨진 것을, 자기 것만의 뭔가를 파악해서 그것을 정확하게 찾아내면 서로가 윈윈할 수 있다.

이때 필요한 것이 협상이다. 누군가와 대화를 할 때 머릿속에 협상론의 기본 원칙을 가지고 있다면 많은 도움이 된다. 교육을 받는다고 해서 곧바로 눈에 띄게 성과가 드러나진 않지만 교육 내용을 내 것으로 만든다면 머지않은 시기에 성과가 나타난다. 그래서 직위 여하를 막론하고 직원에게 협상론 수업을 듣게 했다. 처음 3년 정도는 그룹으로 교육을 받다가 지금은 전 직원이 과정을 수료해 모두 협상전문가 1급 자격증을 보유하고 있다.

엉덩이를 무겁게 가져라

《협상 바이블》의 저자인 류재언 변호사가 〈중앙일보〉에 연재했던 〈류재언의 실전협상스쿨(7) 속이 부글부글 끓는다면 무조건 발코니로〉란 기사에 협상을 유리하게 이끌 네 가지 팁이 나온다.

1. 협상 시작 전 15분을 공략하라

협상이 본격적으로 시작되기 15분 전 협상 테이블에 먼저 도착해 커피를 한 잔 마시면서 긴장을 풀고, 기회가 된다면 상대와 짧은 대화를 나누는 것이 협상에 긍정적인 영향을 미치는 경우가 많다.

2. 상대방이 협상의 주도권을 쥐고 있다고 믿게 만들어라

협상에 임하는 당사자는 자신이 협상을 주도하고 있다고 느낄 때 감정적인 만족감을 느낀다. 반대로 자신이 일방적으로 끌려간다는 느낌이 들 때에는 감정적으로 불편함을 느낀다.

3. 어떠한 경우에도 격렬한 논쟁으로 치닫지 마라

서로의 입장 차이가 팽팽하게 맞설 때, 많은 사람들이 논리를 앞세워 상대를 설득하려고 한다. 하지만 논쟁이 계속될수록 감정은 격해진다. 그리고 격해진 감정 속에서 논리가 파고들 틈은 점차 줄어든다. 급기야 상대방이 무슨 이야기를 해도 듣고 싶지 않게 되는 상황까지 치닫게 된다.

4. 감정이 격해질 때 활용하는 '발코니로 가기' 전략

협상 테이블에서 상대가 강하게 압박해오거나, 본인의 감정이 쉽게 컨트롤되지 않을 때, 생각지도 못한 쟁점이 튀어나와 당황하거나, 팀 내부적으로 의견 조율이 힘들 때, 이럴 때 우리는 '발코니로 가기(Go the Balcony)' 전략을 활용할 수 있다. 여기서 발코니는 협상 테이블에서 잠시 벗어나 감정을 추스르고 재정비를 할 수 있는 분리된 공간을 은유적으로 표현한 단어이다.

이 가운데 네 번째 팁은 내가 평소 활용하는 방법이기도 하다. 나는 협상 자리에서는 절대 내가 먼저 일어나지 않는다. 상대방이 질릴 때까지 버텨서 내가 원하는 것을 얻어내야 한다. 그래서 직원들에게 우스갯소리로 엉덩이를 무겁게 가져라고 말한다. 의자에 가장 오래 앉아 있는 사람이 이기는 것이다.

상대방이 나를 열 받게 하고 욕이 목까지 치밀어 올라오는 상황이라면 잠깐 물 좀 마시고 오겠다며 나가서 화를 삭이고 감정을 추스른 다음 생각을 정리하자. 다시 협상 테이블로 돌아와 흥분하지 않고 차분히 상세히 하나하나를 철저히 준비해서 설득해야 한다. 한 번 해서 안 되면 두 번, 세 번 최대한 설득하고 이해시킨다. 똑같은 이야기를 조금씩 변화시키면서 20번 이상 반복한 적도 있다.

결국 오래 버티는 사람이 이긴다. 사람들은 빨리 끝내기 위해 쉬운 선택을 해 쉽게 정리하려 한다. 하지만 상대가 쉽지 않다고 느껴질 때 상대는 생각했던 최대치를 내놓고 +α를 생각한다. 이때 나는 최소한의 선택을 하고 상대는 최대 선택을 하도록 유도한다.

일상생활에도 협상의 기술이 필요하다

바나나 이론이라는 게 있다. 바나나 하나를 놓고 두 사람이 싸우는데, 나중에 알고 보니 한 사람은 바나나 껍질이 필요하고 한 사람은 바나나 알맹이가 필요한 것이었다. 서로 속 얘기를 허심탄회하게 하면서 서로 윈윈할 수 있는데, 이게 바로 협상이고 조정이다. 이런 걸 가르치기 위해 직원들에게 협상전문가 과정을 듣게 했다.

살아가다 보면 우리는 늘 주변에서 갈등과 마주하게 된다. 직원들이 협상전문가 과정을 수료하자 직원들과의 소통이 원활해지고 사이가 부드러워졌다. 업무 또한 원활해져 회사에 굉장히 도움이 되었다. 회사에서 부하직원과의 관계, 거래처와의 일뿐만 아니라 가정에서 부부, 부모 자식 간의 관계가 좋아졌다고 얘기하는 직원들이 많다. 협상의 기술은 업무뿐만 아니라 일상생활에서도 충분히 적용할 수 있기 때문이다.

같은 꿈을 꾸는 사람들과 팬덤을 만들어라

기업에도 팬덤이 필요하다

유명 가수나 배우, 운동선수를 열성적으로 좋아하는 팬의 무리나 그런 문화 현상을 '팬덤'이라고 한다. 최근 가장 강력한 힘을 보여주고 있는 팬덤은 BTS의 '아미(ARMY)'다. 국경을 넘어 전 세계인의 사랑을 받고 있는 BTS가 K팝을 넘어 글로벌 아트스트로 거듭난 데는 아미라는 강력하고 폭발적인 팬덤이 있었기 때문이다. '아미'는 '군대'를 뜻하는데 'BTS를 지켜주는 군대'라는 의미라고 한다.

대부분의 팬덤이 스타를 사랑하고 추종하는 팬덤이지만,

이에 못지않은 슈퍼 팬덤을 자랑하는 기업이 있는데, 전 세계인의 관심을 받고 있는 테슬라이다. 테슬라의 최고경영자 일론 머스크를 사랑하는 열성 고객들은 일론 머스크의 일거수일투족에 환호한다. 일론 머스크나 테슬라 제품에 대한 부정적인 언론 보도가 나오면 악플을 다는 것도 서슴지 않는다. 테슬라를 맹목적으로 추종하는 사람들을 '테슬라'와 '이슬람'을 합쳐 '테슬람'이라 부르기도 한다. 이런 테슬라를 사람들은 자동차 업계의 '애플'이라고 한다.

애플은 팬덤 기업의 원조라 할 만하다. '아이폰'이라는 스마트폰을 만들어 세상을 혁신하고 사람들을 열광하게 만들었다. 지금도 신제품이 출시될 때마다 밤을 새워 기다리는 '애플빠'들이 넘쳐난다. 몇 년 전엔 '앱등이'란 말까지 등장했다. '애플'과 '곱등이'의 합성어로 애플 제품에 문제가 있어도 맹목적인 신뢰를 보내는 애플팬을 비하하는 말이다.

스타벅스 또한 팬덤으로 유지되는 회사다. 스타벅스 굿즈를 사기 위해 새벽부터 줄을 서는, 스타벅스 로고를 사랑하는 사람들이 있다. 이들은 스타벅스 커피가 다른 곳보다 월등히 맛있고 스타벅스 서비스가 더 훌륭해서가 아니라 스타벅스라는 브랜드가 지닌 가치를 사랑하기 때문이다.

테슬라, 애플, 스타벅스와 같은 팬덤을 가진 기업의 공통점은 기존 기업은 보여주지 못한 혁신을 이루어냈다는 점이다. 사람들은 이들 기업의 새로운 가치관과 철학에 열광하고 강력한 지지를 보낸다. 팬덤이 위대한 기업을 만드는 것이다. 그래서 오늘날 많은 기업이 자사 팬덤을 구축하기 위해 갖은 노력을 기울인다.

상상하면 현실이 된다

이러한 팬덤은 대기업뿐만 아니라 중소기업에도 필요하다. 대기업도 팬덤을 형성하기 힘든데 중소기업이 어떻게 팬덤을 형성하냐고 반문하는 사람들이 많을 것이다. 하지만 대규모 팬덤이 아니라 작은 규모의 팬덤이라면 가능하지 않을까. 내부 직원과 거래처, 협력업체가 그 기업을 사랑한다면 그 기업은 지속 가능한 성장을 할 수 있을 것이다.

나 역시 우리 회사의 팬덤을 만들고 싶다. 철근콘크리트업계 최초로 팬덤을 만든 회사, 직원들의 팬덤을 만든 회사! 태일씨앤티가 그런 회사라는 이야기를 듣고 싶다. 태일씨앤티라는 브랜드를 사랑받게 만들고 싶다.

물론 쉬운 일은 아닐 것이다. 미래를 준비하려면 상상이 필요하다. 상상하고 상상하면 현실이 된다. 최대한 현실감 있게 상상해야 꿈이 현실로 이루어진다. 우리가 하고 싶은 것은 무엇이며, 할 수 있는 것은 무엇인지 고민해 단순히 다짐만 하는 게 아니라 구체적인 목표를 설정하고, 기간을 정하고, 액션 플랜을 만들어야 한다.

태일씨앤티의 팬덤 만들기 또한 같은 방식으로 접근하고자 한다. 팬덤을 만들겠다는 꿈을 가지고 이를 이뤄낼 수 있는 액션 플랜을 세운다. 우선 우리 회사 직원 팬덤을 만드는 것이 가장 먼저 할 일이다. 그러려면 무엇보다도 직원이 회사의 팬이 되게 만들어야 한다. 직원이 회사를 월급 받는 곳 이상으로 생각해서 회사의 팬이 된다면 그 회사는 성장할 수밖에 없을 것이다. 팬이 되면 그 대상을 위해 사랑과 열정을 쏟게 마련이다.

직원 팬덤을 만들려면 나와 같은 꿈을 꾸는 열정적인 직원들이 필요한데, 다행스럽게도 나와 함께 태일씨앤티를 시작한 동료 직원들은 이미 나와 하나 된 꿈을 가지고 있다. 하지만 이들만으론 부족하다. 나머지 직원들의 힘이 한데 모여야 내부 팬덤이 만들어진다. 그래서 나는 직원들의 목소리에 늘 귀를 기울이고 그들의 성장을 위해 물심양면의 지원을 아끼지 않으려 한다.

소모임 활성화와 청년 재직자 지원

회사 내부 팬덤을 만들려면 태일씨앤티 고유의 문화가 필요하다. 그래서 직급별로 소모임을 만들어서 단합을 도모하고, 직원들이 자기계발에 힘쓸 수 있도록 지원해주고 있다. 현재 기사대리모임, 과장차장모임, 임원모임 등 직급별 모임이 있다.

각 모임마다 연회비 2,000만 원이 들어 있는 통장을 주고 모임별 커뮤니케이션 활동을 하도록 독려한다. 배우고 싶은 게 있으면 함께 배우고, 할로윈 파티를 하거나 여행, 낚시 등 취미 활동을 같이 하기도 한다. 때로는 내부 인재들이 교육을 진행한다. 1년 동안 그 돈을 다 못 쓰면 그 다음해에는 삭감되는 형태라 다들 열심히 활동을 한다.

그리고 청년 재직자들이 장기근속할 수 있도록 경제적인 도움을 주는 지원도 하고 있다. 정부지원금 중에 '청년 재직자 내일채움공제'라는 제도가 있는데 정부, 중소기업 사업주, 청년 정규직 근로자가 공동으로 적립한 공제금을 5년 동안 성과 보상금 형태로 지급해주는 방식이다. 15세 이상 34세 이하의 청년근로자가 월 12만 원씩 5년간 720만 원을 적립하면, 기업이 월 20만 원씩 5년간 1,200만 원을 적립하고, 정부가 월 30만 원씩 3년간 1,080만 원을 적립하는 형태다. 총

— 기사대리모임의 다양한 행사

3,000만 원을 만들어준다.

중소·중견기업에 취업한 청년근로자는 목돈을 마련하고, 기업은 장기적으로 우수인력으로 성장시켜 기업의 경쟁력을 확보할 수 있게 돕는다는 취지로 마련된 제도다. 사실 금액적인 면에서 보면 회사 입장에서는 부담스러울 수 있다. 하지만 한편으론 유능한 인재를 확보할 수 있으니 고용 안정을 이룰 수 있다는 이점이 있다.

협력업체 팬덤 만들기

내부 팬덤과 더불어 외부 팬덤도 만들고자 한다. 외부 팬덤은 우리 회사와 협업하는 회사와의 팬덤이다. 같이 일을 하는 거래처와의 관계에서 한발 더 나아가 서로의 팬이 되는 것이다. 그들과 이루어나갈 목표가 무엇인지, 태일씨앤티가 어떤 비전을 가지고 있는지를 보여주고 싶다. 이를 위해 여러 가지를 함께하려고 한다. 그러다 보면 팬덤이 생겨나리라 생각한다.

협력업체와의 협업을 잘하기 위해 골프 모임, 연말 송년회 모임 등을 한다. 골프 모임에는 협력업체 대표가 3분의 1, 현장소장, 태일씨앤티 임원들이 참여한다. 모임을 하면 30명 정도 참여하는데, 그중 열 명이 뜻을 모아 2013년 2월 27일에 태일&상상 개별투자조합 1호 사모펀드를 만들었다. 우리 회사가 30% 지분을 가지고 있고 협력업체가 나머지 70%를 차지한다. 5억 원의 시드머니를 만들어 그 돈으로 스타트업 회사에 투자를 하고 있다.

직원들도 여기에 참여할 수 있다. 2021년 6월에 개별투자조합 2호 사모펀드를 만들었다. 그리고 액셀러레이팅 프로그램을 통해 보육한 우수 기업과 벤처캐피털과의 연계로 성장 가능성이 높은 초기 기업 중 태경&상상 개별투자조합 3호

협력업체와 함께한 송년의 밤

사모펀드의 설립 목적과 비전에 맞는 기업을 찾고 있다.

해마다 송년회 때가 되면 우리 회사 직원들과 협력업체 임직원을 포함해서 200~250명 정도의 인원이 참여해서 가족과 같은 분위기의 행사를 한다. '우리 회사는 현재까지 이만큼의 실적을 냈고, 올해는, 내년에는 이런 실적을 낼 것이고, 향후 5년 뒤엔 이런 실적을 낼 것이다.'라는 비전을 보여준다. 한마디로 '태일씨앤티는 이런 일을 하려고 한다.'라는 것을 공표하는 것이다. 그러면 사람들은 태일씨앤티가 내년에는 어떤 일을 하겠구나, 얼마만큼 일을 하겠구나라는 걸 알게 된다.

그런데 안타깝게도 2020년에는 코로나19 때문에 모이질

못했다. 코로나19가 종식되지 않고 위드코로나를 고민해야 하는 상황이 된 만큼, 비대면으로라도 관계를 돈독히 하는 새로운 방법을 모색해야 할 것 같다.

재택근무도
한발 먼저

유연근무제는 시대적 요구다

우리 회사의 근무시간은 원래 9시 출근 6시 퇴근이었는데, 2020년 코로나19가 심각해지면서 출퇴근 시간을 8시 출근 5시 퇴근으로 바꿨다. 아무래도 기존 출퇴근 시간에 많은 사람이 지하철이나 버스를 타고 다니니까 감염 위험이 높을 거라는 판단이었다.

출근 시간이 한 시간 빨라져 직원들이 힘들어하지 않을까 생각했는데, 오히려 빨리 출근하고 빨리 퇴근하니까 개인적으로 취미생활을 하거나 운동도 할 수 있고, 자기계발을 위해

학원을 다니거나 가족과 함께 보낼 수 있는 시간도 늘어나 다들 좋아하는 분위기다.

앞으로는 개인의 특성이나 업무에 따라 일하는 시간과 장소를 선택할 수 있는 유연근무제 도입도 생각하고 있다. 유연근무제는 주5일, 전일제 근무 대신 회사에 출근하지 않는 재택근무나 시간제, 요일제 등 다양한 근무 형태가 있을 수 있다. 젊은 직원들은 회사에서 받는 급여도 중요하지만 복리후생이나 개인적인 삶을 중요하게 여기므로 유연근무제는 시대적 요구인 듯하다.

기존의 근로 시간을 지키면서 출퇴근 시간을 조정하는 것을 '시차출퇴근제'라고 하는데, 현재 우리 회사가 시행하고 있는 8시 출근 5시 퇴근은 시차출퇴근제에 해당한다. 통상적인 근로시간인 1일 8시간 일하는 것을 업무에 따라 어떤 날은 초과근무를 하고 어떤 날은 단축근무를 하는 방식을 '선택적 근로시간제'라고 하는데 많은 사람들이 이 방식을 선호하는 것 같다.

남보다 한발 먼저 준비한 재택근무

2019년 12월 시작된 코로나19는 엄청난 속도로 전 세계로 퍼져나가 2020년 3월 11일 세계보건기구는 '코로나19 팬데믹'을 선언했다. 이후 백신이 개발된 지금까지도 전 세계는 코로나 공포에서 벗어나지 못하고 일상이 마비된 상태다. AI로 대변되는 4차 산업혁명을 수십 년 앞당기며 '언택트(untact)'라 불리는 '비대면' 세상이 우리 앞에 갑작스레 펼쳐졌다. 그동안 오프라인 중심으로 생활하던 사람들은 강제로 온라인으로 편입되었고, 프리랜서 중심의 재택근무가 대기업에서 일상화되기 시작했다.

우리 회사도 2020년 3월부터 상황에 따라 재택근무를 시행하고 있다. 2020년 송년행사도 비대면 온라인 영상으로 각종 시상식을 하고 송년 메시지와 덕담을 나누며 비대면으로 마무리하였다.

대기업도 아닌 중소기업인 우리 회사가 발 빠르게 재택근무를 실시할 수 있었던 것은 2018년 하반기부터 '전사적 전산화 시스템 구축'을 진행한 덕분이다. 다행히 재택근무 중에도 업무 공백이나 리스크 없이 원활하게 업무를 처리할 수 있었다. 그리고 재택근무자에게 필요한 노트북, 프린터, 복사기 등의 사무기기도 구매해줬다.

5억을 투자해 만들어놓은 전산화 시스템이 의도치 않게 코로나19로 인해 막강한 힘을 발휘했다. 새로 개발할 프로그램은 사용자의 의견이 반영되지 않으면 완벽해질 수가 없는

데, 모든 직원이 사용할 수밖에 없는 상황에 놓이다 보니 프로그램은 더 완벽해졌다.

물론 코로나19 같은 상황이 닥칠 거라고 예상한 것은 아니었지만 시대적 흐름상 건설업도 재택근무를 할 수 있으니 미리 준비를 해두자는 마음으로 전산화 작업에 투자했다. 그래서 회사에 출근하지 않고 집에서도 회사 서버에 접속해서 일할 수 있도록 준비를 하고 방화벽을 설정하고, 일일이 대면을 해야 하는 서면 결제 방식을 줄이면서 전자 결제를 확대해나갔다. 서면 결제가 많아지면 재택근무가 힘들어지기 때문이다.

마침 전자 결제 기능 개발도 끝난 상태였다. 코로나19로 인해 재택근무를 하게 되면서 직원들이 본격적으로 활용할 수 있는 기회가 온 것이다. 그리고 각자 사용해보면서 불편한 점이나 개선사항들을 개진했고 이를 반영해 수정 보완해 나가면서 더 완벽한 프로그램으로 만들어갔다. 그 결과 다른 업체 사람들이 보기에도 훌륭한 프로그램으로 인정받게 되었다.

직원에 대한 신뢰만 확실하다면 굳이 회사에서 얼굴 보면서 일을 하지 않아도 된다. 회사든 집이든 자기 일만 제대로 한다면 문제가 되지 않는다. 시간은 자유롭게 쓰되 업무 공유만 정확하게 하면 된다. 배달의 민족은 월요일 출근 시간이 오후 1시다. 출근을 하지 않고 집 근처 공유오피스를 이용하는 회사도 많아졌고, 집과 오피스에 대한 연구들도 활발하게 이루어지고 있다. SK텔레콤은 근무 장소에 구애받지 않고 일할 수 있도록 을지로, 종로, 서대문, 분당, 판교에 거점 오피스를 마련했다.

외국의 경우 사무실이 아닌 집에서 가까운 공유오피스 등에 출근해서 일하는 '원격근무제'를 시행하는 회사도 많다. 우리나라도 머지않은 시간 내에 이런 회사가 늘 것으로 보인다. 집이 오피스화되는 시기가 머지않았다. 최근에는 이런 현상을 반영해 가정을 사무실처럼 꾸미는 홈오피스 인테리어와 건축이 인기를 끌고 있다.

앞으로는 아예 재택근무자를 별도로 뽑으려고 한다. 그리고 사무실에 재택근무자가 와서 공유할 수 있는 공유 공간을 만들려고 한다. 언젠가 코로나19 팬데믹이 사라지겠지만 우리는 그 이전으로 돌아갈 수 없다. 새로운 세상에서 살아남으려면 변화에 능동적으로 대처해야 한다. 어떤 일이든 등 떠밀려 어쩔 수 없이 하게 되면 대처를 할 수 없다. 내가 먼저 준비해서 능동적으로 시작하면 당황하지 않게 된다. 능동적으로 뭔가를 해나가다 보면 회사도 직원도 성장하게 된다.

작은 징벌을
큰 경계로 삼다

신상이 있는데 필벌이 없으면 문제다

우리 회사는 일 년에 두 번 인센티브를 지급하는데, 잘한 사람은 더 잘할 수 있도록 격려의 의미에서 상을 내리는 것이다. 반면 잘못하는 사람에게도 이에 상응하는 벌을 내린다. 매년 3월에 조직 개편을 하면서 연봉 조정을 하는데, 이때 감봉을 받게 되는 사람도 있다. 회사에 손실이나 불이익을 주면 감봉이나 징계를 받는다. 이는 지위고하를 막론하고 인사제도에 반영한다.

잘해도 그냥 지나치고 잘못해도 아무 말 없이 넘어가면 누가 잘하려고 하겠는가? 그래서 필요한 게 신상필벌(信賞必罰)의 원칙이다. 신상이 있는데 필벌이 없으면 문제가 된다. 이는 상벌을 공정하고 엄중하게 하기 위함이다. 물론 불가피하게 어쩔 수 없이 그렇게 되는 경우에는 인정하는 부분이 있다. 우리 회사는 그 어떤 전문건설업체보다 직원들에 대한 인사 평가를 공정하고 디테일하게 한다고 자신 있게 말할 수 있다. 이를 위해 전문업체로부터 컨설팅을 받아 체계적인 인사 제도를 만들었다.

최선을 다하는 것만으론 부족하다

2018년 하남 미사 현장에서 있었던 일이다. 처음 그 현장에 대해 검토할 때 담당자로부터 5% 정도의 수익이 난다고 보고를 받았다. 그래서 수주를 했는데 중간 단계에 실제 실행 검토를 했더니 이익이 전혀 안 남는 결과가 나왔다. 미사 공사 현장은 지하철 공사가 지하를 통과하는 구간으로, 지하철 공사가 끝난 뒤에야 우리가 공사를 할 수 있는 상황이었다. 그런데 지하철 공사 기간이 계속 늘어져 우리 현장의 경우 공사 자체가 진척이 잘 안 되고 있었다. 하지만 직원들은 이미 투입되어 있던 터라 고정비용이 계속 들어갔다.

그런 경우 중간에 브레이크를 걸어서 중도 포기를 하는 방법도 있다. 그런데 현장 책임자는 당초에 예상했던 수익까지는 못 가더라도 어떤 방식으로든 적자는 보지 않게 하겠다는 의견을 내세웠다. 그런데 공사가 끝날 때까지 손실을 회복하지 못해 결국 5%의 적자가 났다.

2021년에도 그런 상황이 벌어졌다. 연초에 톤당 69만 원이던 철근 유통가가 4월 초 82만 원으로 오르더니 5월에는 135만 원을 돌파했다. 그런데 철근 값뿐만 아니라 인건비도 올랐다. 레미콘 믹서트럭들이 주 5일 근무제로 토요일과 일요일은 일을 안 하게 되면서 거기에 딸려 있는 장비를 운반하는 덤프카, 레미콘, 타설공, 콘크리트공들도 주 5일만 작업하니 공기가 길어져 공사 비용이 인상되었다.

그럼에도 담당자들은 "정산을 잘 받아오겠습니다!"를 외쳤는데 결국 정산이 잘 안 되었다. 그 일로 징계위원회가 열려 그곳 PM과 소장은 3개월 감봉 조치를 받았고, 진급에 대한 불이익을 줄 수밖에 없었다.

이익이 없으면 누구나 열심히 일하지 않는다. 봉사를 하러 다니는 것은 아니지 않는가. 그리고 보통 사람은 위협이 없으면 경계할 줄 모르게 마련이다. 이럴 때는 오히려 작은 징벌을 받음으로써 큰 경계로 삼는 것이 도움이 된다.

구글 같은 근무 환경을 꿈꾸다

내 집을 짓다

2020년 2월 가산동 지식산업센터 신축공사를 시작했다. H건설이 시공사인데 7대 1의 경쟁을 뚫고 입찰에 성공해 우리가 공사를 맡게 되었다. 현재 사무실로 쓰고 있는 건물은 교통이 편리하고 지리적 이점은 있으나 건물이 노후화되어 지식산업센터로 이전할 계획을 가지고 고민하던 중이었다. 그러던 차에 H건설이 가산동에 지식산업센터를 만든다는 얘길 듣고 입찰도 하기 전에 분양부터 받았다. 그러곤 우리가 분양받았으니 우리가 공사를 해야겠다고 직원들과 의기투합

태일씨앤티의 새로운 보금자리가 될 가산디지털단지 조감도

해서 공사를 따냈다.

우리가 맡은 공사는 2021년 9월에 마감할 계획이고, 그로부터 1년 뒤인 2022년 9월에 입주 예정이다. 마치 내 집을 짓고 있는 심정이다. 그래서 수시로 현장에 찾아가 관심을 가지고 체크를 한다. 우리 회사가 입주해야 할 건물에 하자가 나면 안 되니까. 내가 이렇게 유난을 떠는 바람에 현장소장이 은근 스트레스를 받고 있다는 얘길 들었다.

가산디지털단지 현장 점검

사무실은 혁신적이고 창의적인 공간으로

흔히 구글을 '신의 직장'이라 부르는데, 여기에 혁혁한 역할을 한 것은 바로 사무실이다. 구글은 기존의 정적이고 답답한 사무실 환경을 파격적으로 바꾸어놓았다. 심지어 바닥에 누워서 일하는 사람도 있었다. 세계적인 IT기업인 만큼 사무실 인테리어도 혁신적이고 창의적이었다. 그런 구글이 또 한번의 변신을 계획 중이다.

구글은 2021년 5월 5일 사내 뉴스 게시판에 코로나19가

극복되는 시기에 맞춰 혁신적인 업무 처리 방식을 도입하여 업무의 효율성을 극대화하겠다는 내용을 올렸다. 사무실에서 3일간 근무하고 나머지 2일은 일을 가장 잘할 수 있는 곳에서 일하게 된다고 한다. 전체 직원의 60%가량은 사무실에서 일하고, 20%는 새로운 사무실에서, 20%는 재택근무를 할 수 있는 여건을 마련하겠다고 발표했다.

우리 회사는 IT기업은 아니지만 구글과 비슷한 사무 환경을 갖추고 자유로운 분위기에서 직원들이 일할 수 있게 만들려고 한다. 2022년 새로 입주하는 사무실에 오프라인 근무자 공간, 재택근무자 공간, 공유 공간, 세르파벤처스 이렇게 네 개 파트로 나눠서 사무실을 꾸밀 계획이다.

현재 사용하는 사무실의 크기는 한 100평 정도 되는데, 2022년에 입주할 사무실은 300평 정도 되니 충분히 가능한 크기다. 인테리어도 제한 입찰을 해 10년 후에 봤을 때도 괜찮다는 평을 들을 만한 곳으로 선정하려고 한다. 샌드박스 사무실을 방송에서 본 적이 있었는데 그곳도 구글 못지않게 매우 인상적이었다. 특히 직원들을 위한 다양한 휴식 공간이 눈에 들어왔다. 우리 회사도 직원들이 편안하게 음식을 먹으면서 자유롭게 얘기할 수 있는 공간을 만들고자 한다.

누구나 마음 편히 들어와 사용할 수 있는 사장실

현재 내가 사용하고 있는 사장실은 한 사람당 사용하는 공간으로 따져보면 우리 회사에서 가장 큰 규모이지만 가장 실용성이 떨어지는 공간이라 할 수 있다. 외부 손님이 오거나 직원들과 회의를 할 때 사용하기도 하지만, 내가 자리에 없는 시간이면 아무도 이용하지 않는 죽은 공간이다.

새 사옥으로 이전하면 사장실을 누구에게나 오픈해서 직원들이 마음껏 드나들며 효과적으로 사용할 수 있는 회의실 같은 개방적인 공간으로 만들고 싶다. 그래서 직원들이 그곳에 머무는 시간 동안 창의적인 생각들이 마구 솟아나올 수 있도록 꾸몄으면 한다.

4장

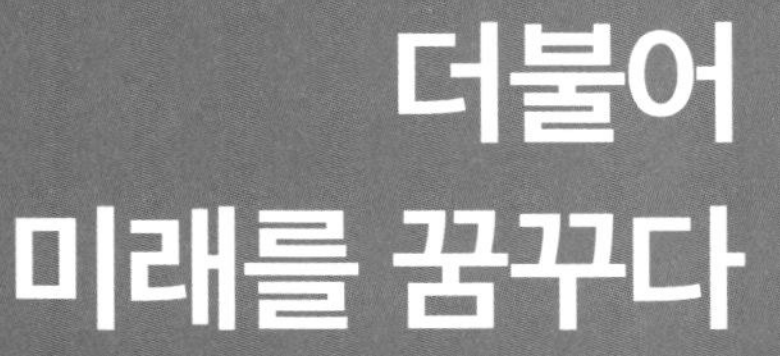

더불어 미래를 꿈꾸다

협력업체와 공생하기

수익공유제

우리 회사는 2018년부터 유로폼, 가설재, 잡자재 등을 취급하는 7군데 회사와 연간 단가로 계약해 협력 관계를 맺고 있다. 이를 위해 2017년에, 그동안 거래하고 있던 여러 협력업체들의 업체 현황, 자재 보유량, 경쟁력 등을 실사 평가해 선별 과정을 거쳤다. 협력업체는 일정 규모의 매출액을 확보할 수 있으니 안정적인 수익을 거둘 수 있고, 우리 회사는 원가를 절감할 수 있으니 서로가 윈윈하는 방식이다.

그리고 건설 현장에서 당초 계획했던 것보다 수익이 많이 나면 협력업체에도 수익을 나눠주는 수익률공유제를 계획하고 있으나 아직 실현하고 있지는 못하다. 공사를 마무리하기까지 각 업체가 어떤 기여를 했는지 공정하게 평가를 해야 하는데, 객관적인 평가 기준이 아직 마련되어 있지 않고, 수익률을 공개할 때 본사관리비, 법인세까지 포함시켜야 하는데 이런 점들은 공유하기가 쉽지 않다는 문제점이 있기 때문이다. 우리나라에는 아직 수익률공유제를 시행하는 회사가 없는 듯하다. 이를 위해 외국의 사례도 조사해보고 잘 준비해서 우리 회사가 한번 시도해보려고 한다.

동반 성장을 꿈꾸며

우리 회사가 추구하는 수익률공유제와 비슷한 개념으로 성과공유제(benefit sharing)가 있다. 성과공유제는 대기업이 협력사와 함께 원가절감을 위한 공정을 개선하고 신기술을 개발해 협력 활동의 성과를 계약한 대로 나누는 제도이다. 2004년 포스코가 최초로 이 제도를 도입했으며, 현재 몇몇 대기업이 운영하고 있다.

2006년에는 대·중소기업 상생협력 촉진에 관한 법률에 관련 규정이 마련되었다. 정부가 추진한 제도로는 초과이익공유제(profit sharing)가 있는데, 이는 대기업이 해마다 설정한 목표 이익을 초과하는 이익이 발생하면 협력업체에 초과이윤의 일부를 나눠주는 제도다. 2011년 2월 동반성장위원회가 협력 중소기업과 초과이익을 공유하는 대기업에 동반성지수 산정 시 가점을 부여하는 것을 골자로 초과이익공유제의 도입을 추진할 것을 밝혔으나 대기업의 반대가 있었다. 그다음 해 2월 '협력이익배분제'로 명칭을 바꾸어 이 제도를 도입하기로 결정했으나 지금까지도 국회에 계류 중이다.

자본주의 시장경제원리를 부정하는 제도라는 게 재계의 시각이다. 성과공유제와 초과이익공유제는 성과를 나눠 갖자는 취지는 동일하나 무엇을 성과로 볼지 분배를 어떻게 할지 성과를 공유하는 방식이 다르다.

2018년 6월 20일 경제협력개발기구(OECD)가 발표한 〈한국경제보고서〉에 따르면 재벌이 주도하던 한국의 경제성장 모델이 한계에 직면했다면서, 한국 경제의 미래를 위협하는 요소로 '대기업 집단으로의 과도한 경제력 집중'을 지목했다. 그 결과 대기업이 성장하면 그 혜택이 중소기업과 저소득층에게도 돌아간다는 낙수효과가 점점 약해지고 있다고 분석했다.

그리고 중소벤처기업부가 발표한 〈중소기업기본통계〉에 따르면 2018년 우리나라 기업 숫자 중 중소기업이 차지하는 비중은 99.9%이다. 0.1%만 대기업이다. 중소기업 종사자 수도 83.2%나 된다. 이처럼 중소기업은 분명 한국 경제를 이끌어가는 한 축임에도 그 가치를 제대로 인정받지 못하고 있다. 대기업이 성장하면 중소기업도 마땅히 함께 성장해야 하나 아직은 요원할 뿐이다.

건설업의 경우 공사를 하려면 협력업체가 제공해주는 자재와 현장에서 일하는 근로자가 없다면 일을 진행할 수 없다. 협력업체에겐 적정한 이윤을 보장해줘야 하고 근로자에겐 노동력에 대한 정당한 비용을 지불해야 한다. 혼자서 할 수 있는 일은 없다. 우리 회사부터 먼저 협력업체와 동반 성장하는 방법을 찾아서 모범적인 사례로 만들어보고자 한다.

협력업체와 상생하며 세계 최고의 매출을 내다

ASML은 반도체에서 없어서는 안 될 핵심 장비인 '리소그래피(lithography)' 분야에서 독보적인 기술력을 가지고 있는, 세계 시장 점유율이 90%가 넘는 반도체 장비회사다. 네덜란드에 본사를 둔 이 회사는 세계 1위 반도체 장비회사라는 명성 외에도 협력업체와의 상생 협력으로 가치를 창출하는 것으로도 유명하다.

ASML은 리소그래피 장비를 만드는 데 필요한 부품의 대부분을 아웃소싱해 납품을 받는다. ASML은 장비 디자인과 설계에만 집중한다. 이 회사의 피터 베닝크 CFO는 자신들의 성공 비결을 다음과 같이 말한다.[8]

"우리가 만드는 장비에 들어가는 부품의 80% 이상을 아웃소싱(외부에 제작을 맡겨 납품받음)합니다. 하지만 협력업체들의 마진을 쥐어짜지 않고 그들이 최고 기술을 개발하는 데 필요한 마진을 낼 수 있도록 최대한 돕지요. 즉 단순한 상품이 아니라 '혁신'과 '가치'를 납품받은 것이 우리의 진짜 성공 비결입니다."

ASML은 협력업체가 연구개발비를 확보할 수 있게 부품 단가를 최대한 높게 책정한다. 그리고 협력업체에 지분투자를 해 리스크와 이익을 투명하게 공유하고 R&D도 함께한다. 그 결과 세계 최고의 제품을 만들어내고 있으며 반도체 장비업체 중 최고의 매출을 올리고 있다. 부품공급업체의 이익을 보장해 마진율은 낮지만 영업이익률은 업계 최고이다.

---

8 〈WEEKLY BIZ〉, 2013. 3. 2. "납품업체와 동반성장… 세계 1위 반도체 장비 기업 ASML 社 CFO 피터 베닝크"

ASML의 상생 혁신 시스템은 대기업과 중소기업이 어떻게 상생과 협력을 할 것인지, 협력업체와 어떻게 동반 성장할 수 있는지에 대해 많은 인사이트를 주었다. ASML이 부품업체들과 구축한 상생혁신 모델은 다음 7가지 특징을 가지고 있다.

1. 부품업체 1개사를 선정해 5~10년 장기 파트너 계약을 맺는다.
2. 역량과 마진을 투명하게 공개해 결혼과 같은 신뢰 관계를 구축한다.
3. 2사(社) 1업(業) 마인드로 기술을 공동개발한다.
4. R&D 공동 투자로 리스크를 공유한다.
5. 적정 마진을 책정하고 자본을 투자해 이익을 공유한다.
6. QLTC[품질(Quality), 물류(Logistics), 기술(Technology), 비용(Total Cost)] 측면에서 1년에 한 번 공급업체를 평가한 후 문제가 발견되면 적극 개입해 개선한다.
7. 필요 시 공급업체를 인수합병한다.

우리 회사도 ASML의 상생모델을 벤치마킹해서 2018년부터 유로폼, 가설재, 잡자재 등 각 자재별로 1개사를 선정해 QLTC를 평가한 후 재계약하는 방식으로 협력 관계를 맺어

오고 있다. 특히 코로나19 시국과 2020~2021년 건설 기자재 가격 폭등에 따른 원자재 수급의 애로를 해소하는 데 도움을 주고자 긴급자금을 지원하여 현장에 원활한 자재 공급과 우수협업사들의 운전자금 확보 등 상생을 위한 제도를 운영하고 있다. 우리 회사는 매년 연말 임직원 인사평가를 하는데 이때 협업사도 함께 평가하여 우수협력사로 선정된 대상자들에게 우리 회사 우수사원과 함께 해외연수를 가는 기회를 주고 포상금도 지급하고 있다.

ASML이 실행하고 있는 상생모델 7가지를 한꺼번에 다 따라 하기는 힘들지만 하나하나 이루어낸다면 태일씨앤티도 바람직한 기업 모델이 되지 않을까 싶다. 현재 진행 중인 태경개인투자조합과 세르파벤처스 개인투자조합 또한 협력업체와의 상생을 위한 한 방법이다. 협력업체와 함께 합리적인 방식으로 성과를 나누며 동반 성장하는 그날이 빨리 오기를 희망한다.

스타트업과 함께 미래를 꿈꾸다

중소기업의 혁신 성장이 필요하다

2016년 12월 우리 회사는 ERP 자체 구축으로 탁월한 경영성과를 인정받아 경영혁신형 중소기업인 메인비즈(MAIN-BIZ)에 선정되었다. 메인비즈(MAIN-BIZ)는 'MAnagement(경영) + INnovation(혁신) + Business(기업)'의 합성어로 중소벤처기업부로부터 경영혁신형 중소기업으로 선정된 기업을 말한다. 최근 3년 이내에 경영혁신 활동을 수행하여 마케팅, 조직관리, 생산성 향상 분야에 탁월한 경영성과를 보여준 기업이 대상이다. 메인비즈로 선정되면 금융이나 세제 혜택을 비롯해 인력, R&D, 판로/수출 등에 있어 다양한 정부 지원을 받는다.

국가에서 메인비즈기업을 육성하는 이유는 중소기업의 경영혁신을 지원해 글로벌 중견기업으로 키우기 위함이다. IMF 외환위기 이후 중소기업이 우리나라 경제성장 동력으로 인식되기 시작하였고, 2010년대 후반 디지털 경제 시대가 열리면서 급변하는 산업 환경에 대응하기 위한 경영혁신의 중요성이 부각되었다.

2020년 중소기업 현황에 따르면 우리나라 전체 기업(약 664만 개) 중 메인비즈기업은 약 0.28%로, 국내총생산(GDP)의 13.3%(256조 원)를 차지하고 있다. 메인비즈협회는 중소기업의 혁신 성장을 이끌기 위해 엑셀러레이터협회 소속의 예비 창업자와 스타트업 기업을 대상으로 여러 가지 지원을 해주고 있다.

스타트업과의 상생을 통한 오픈 이노베이션

2017년 나는 메인비즈협회 가산디지털지회장을 맡으며, 스타트업의 생태계에 대해 처음 접했다. 그해 11월 가산디지털지회장 자격으로 스타트업 기업과 중소기업과의 융합 네

트워킹을 하는 '창업성공네트워크(창성넷)' 모임 자리에 참석했는데, 그곳에서 스타트업의 참신한 아이디어를 듣고 매우 흥미로웠다. 그리고 앞으로 맞이할 미래 시장에 대해서도 새로운 시야를 가질 수 있게 되었다. 당시 나는 건설 분야의 틀에 박힌 보수적인 사고방식을 어떻게 타파해나갈지 고민 중이었다.

우리 회사 내에도 신기술·신사업 기획팀이 있었는데, 스타트업의 생태계에 대해 알고 나자 내부에서 자체적으로 혁신을 진행하기에는 한계가 있다는 사실을 깨달았다. 그래서 스타트업과의 상생을 통한 오픈 이노베이션(Open Innovation, 개방형 혁신)을 추진하였다.

오픈 이노베이션은 2003년 버클리대학교 헨리 체스브로 교수가 처음 제시한 개념으로, 기업이 필요로 하는 기술이나 아이디어를 외부에서 조달하고 내부 자원을 외부와 공유하면서 기업의 혁신이 이루어지도록 하는 것을 말한다. 외부 전문가와 협업해 미래 기술 투자에 대한 불확실성을 효과적으로 줄이는 기술 확보 방식이다. 이와 반대로 기업 내에서 진행하는 혁신을 '폐쇄형 혁신(Closed Innovation)'이라 한다.

많은 스타트업이 혁신적인 아이디어와 기술력을 가지고 의욕적으로 시작하지만 자금 조달이 어렵고 경영에 대한 노하우가 부족해 성공의 문턱을 넘지 못하는 경우가 많다. 이들이 시장에 성공적으로 진입하려면 돌파할 수 있는 힘과 리더십이 필요하다.

스타트업이 성장하기 위해서는 대기업이나 중견기업과의 활발한 교류를 위한, 보다 적극적인 연결고리가 필요하다. 최근 대기업들이 오픈 이노베이션을 통해 이러한 노력을 하고 있지만, 중소기업도 스타트업 자체 아이디어의 실질적 가능성을 살펴보면 좋겠다. 오픈 이노베이션은 중소기업의 혁신 방법으로 더욱 유용하다고 볼 수 있다.

중소기업은 디지털 전환을 통해 혁신적인 비즈니스 모델을 발굴하고 성장을 도모해야 하는데, 이때 큰 역할을 하는 것이 오픈 이노베이션이다. 중소기업은 자사만의 독자적인 혁신을 이루어내기에는 자원이 한정적이므로 스타트업을 파트너 삼아 함께 일한다면 미래 성장 동력을 보다 용이하게 확보할 수 있다.

스타트업을 통해 세상이 변화한다면 사람들의 인식도 바뀔 것이다. 해외에선 혁신적 스타트업에 대해 열광하고 전 세계 관련 종사자들을 자국으로 끌어들이고자 한다. 세상은 지금 글로벌 네트워크로 연결되어 있다. 중소기업도 하루빨리 글로벌 생태계를 준비해야 한다.

건설 관련 혁신 스타트업과 협업

2018년 우리 회사는 선배 기업으로서 미래 시장을 함께 개척할 협력자로서, 스타트업을 지원하기 위한 투자기획본부를 만들어 오픈 이노베이션을 추진했다. 그중 로제타텍과의 오픈 이노베이션은 매우 성공적이었다.

로제타텍은 디지털 트윈 기술과 IoT(Internet of Things, 사물인터넷) 기술을 활용해 무선 화재감지 시스템 '스마트콜'을 개발한 회사다. 내가 가진 건설 지식을 기반으로 판단했을 때, 무선 화재감지 시스템은 기존의 유선 화재감지 시스템을 획기적으로 바꿀 수 있을 것으로 보였다.

지난 2021년 6월 발생한 쿠팡 이천물류센터 화재에서 알 수 있듯이 초기 골든타임 5분 내에 화재를 진압하지 못하면 대형 화재로 번지게 된다. 그런데 로제타텍이 개발한 '스마트콜'은 열, 연기, 불꽃, 이산화탄소 등을 종합적으로 감지하는 지능형 화재 감지 시스템이라서 최적의 화재 대응 솔루션을 제공한다. 화재가 발생하면 정확한 발화지점을 파악해 소방관제센터에 전달하고, 개인의 스마트폰에 화재 대응방안 등을 전달해 화재 진압 골든타임 내에 빠르게 대처할 수 있게 만들어졌다.

로제타텍의 제품은 현재 CJ대한통운 파주현장, 전국 전통

로제타텍과의 업무협약식

시장, CGV, 요양병원, 문화재, 군부대, 경로당·마을회관 등 다양한 곳에서 이용되고 있다. 로제타텍은 2024년 코스닥 상장을 목표로 기술 개발과 보급 확대에 힘쓰고 있다.

앞으로 다양한 분야의 스타트업과 협업해나갈 계획이지만, 특히나 로제타텍처럼 건설 분야와 관련된 스타트업과 함께 성장하면서 건설시장에 혁신을 가져오고 싶다.

스타트업의 사업 파트너,
세르파벤처스

성장 잠재력을 갖춘 혁신 스타트업을 지원하다

2018년부터 시작한 사내벤처를 통해 스타트업을 발굴하는 과정 속에서 스타트업 생태계를 경험하면서 오픈 이노베이션으로 성과들을 이뤄냈다. 사내벤처는 회사 내 직원들의 창의적인 아이디어를 활용해 이를 사업화하는 기업 내부 스타트업이다. 그리고 보다 적극적인 스타트업 투자를 위해 2021년 2월 사내벤처 투자기획본부를 독립 분사해 세르파벤처스(Sherpa Ventures)라는 액셀러레이터(AC, Accelerator) 법인을 만들었다.

세르파(Sherpa)는 히말라야 등산을 할 때 등반하는 사람을 도와주는 등산 안내자란 의미로, 스타트업의 사업 파트너, 안내자로서 정상을 향한 스타트업의 험난한 여정을 함께하고자 한다. 스타트업을 성장시키기 위한 전략적 투자를 유치하고, 새롭게 성장하게 될 혁신적인 신사업을 발굴하고, 신사업 컨설팅을 하는 게 세르파벤처스의 역할이다. 주요 투자 분야는 IT, Bio&Healthcare, 문화콘텐츠이며, 투자 대상 1순위는 '건설산업 혁신 스타트업'이다. 성장 잠재력을 갖춘 스타트업을 찾아내기 위해 노력하고 있다.

전문가들과 함께하는 세르파클럽

현재 세르파벤처스는 여러 업체와 MOU(업무협약)를 체결하였으며, 앞으로 더 많은 업체와 협력 관계를 구축해나갈 것이다. 2021년 4월 29일에는 콜렉티브 캠퍼스(Collective Campus)와 글로벌 스타트업 액셀러레이팅을 위한 MOU를 체결하였다. 콜렉티브 캠퍼스는 전 세계 해외 스타트업에 멘토링, 컨설팅, 액셀러레이팅을 제공하는 글로벌 액셀러레이터이다. 오스트레일리아에 본사가 있으며, 뉴욕, 상하이, 런던, 싱가포르, 홍콩 등에 지사를 운영하고 있다. 앞으로 해외 진

플랜에이치벤처스와의 업무협약식

출을 희망하는 스타트업에 멘토링을 제공할 계획이다.

2021년 5월 25일에는 K-ICT창업멘토링센터와 MOU를 체결했다. K-ICT창업멘토링센터는 매년 240개의 멘티기업을 발굴해 비즈니스 모델(BM, Business Model) 구축부터 기업설명회(IR, Investor Relations) 피칭까지 비즈니스 전반적인 과정을 멘토링해주는 기관이다. 스타트업 지원 체계 마련을 통해 최종 투자 유치까지 이뤄질 수 있는 업무 협약 방안을 논의한다.

이뿐만 아니라 한양대학교 창업지원단과의 MOU도 체결했다. 한양대학교 창업지원단은 창업 준비부터 출구전략까지 창업 전 주기 지원 체계를 구축하고 있다. 국내 스타트업

세르파클럽 자문위원단 위촉식

의 창업 전 주기 맞춤형 지원 체계 구축을 위한 노하우를 제공하고자 한다.

그리고 2021년 6월 22일에는 플랜에이치벤처스와 우수 창업기업 발굴 및 투자 지원을 위한 MOU를 체결했다. 스타트업의 비즈니스 고도화, 판로 개척, 투자 발굴 등 창업 활동에 필요한 자원을 공유하고 두 회사의 물적·인적 자원을 공동 활용하고 창업 활성화를 위한 연구 및 자문 등을 하기로 했다. 플랜에이치벤처스는 호반건설이 설립한 액셀러레이터 법인으로 스타트업에 대한 보육과 투자, 지원 등을 하고 있다. 건설사를 모기업으로 태동했으며 건설 생태계 혁신과 지속 가능한 성장을 위한 투자를 하고 있다는 점에서 세르파벤처스와 공통점이 많은 회사이다. 세르파벤처스와 플랜에이치벤처스는 함께 건설 분야 스타트업을 발굴 및 투자할 계획이다.

2021년 6월에는 전문자문단, 세무사, 회계사, 변호사, 변리사, 법무사, 액셀러레이터, 벤처캐피털(VC, Venture Capital), 신용보증기금 임원, 전문 컨설팅 업체 대표 등 20명 정도의 전문가들이 모여 세르파클럽을 만들었다. 스타트업들이 실질적인 도움을 받을 수 있도록 보다 전문적이고 체계적으로 지원할 계획이다.

상상하고 상상하면 현실이 된다

스타트업 기업을 발굴 육성하는 세르파벤처스라는 액셀러레이팅 회사를 설립한 것은 그동안 내가 몸담아 온 건설업에서 내가 질 수 있는 사회적 책임은 어디까지일까 하는 의문에서 비롯되었다. 5,000억 이상의 기업 가치를 지닌 배달의 민족도 처음에는 아주 작은 기업으로 시작했다. 기성 경영자가 새롭게 시작하는 작은 기업을 끌어주는 일 역시 기업가가 져야 할 사회적 책무라는 생각이 든다. 앞으로 10년 정도 더 일할 수 있다면 내가 가진 능력을 우리 사회에 공헌하고 내가 가진 것을 이 사회에 돌려주는 일을 하고 싶다.

모든 일은 생각하는 방향으로 흘러간다. 달나라에 가는 것을 꿈꾸는 사람이 있었기에 달나라로 갈 수 있었듯이, 누군가 꿈꾸지 않았다면 달나라로 갈 수 있다는 생각조차 하지 못했을 것이다. 혁신적인 아이디어와 기술력을 가진 스타트업의 꿈을 함께 이뤄나가는 것, 그것이 세르파벤처스의 역할이자 나의 역할이다.

《당신의 미래에 던지는 빅 퀘스천 10》에 "혼자 상상하면 미래가 열리고 함께 상상하면 세상이 바뀐다."는 내용이 있다. 코로나19로 4차 산업혁명이 우리 곁에 성큼 다가왔다. 세상은 급속도로 변하고 있다. 혼자 가만히 있다 변화의 물결에 휩쓸려 떠내려가지 말고 함께 세상을 바꾸는 상상을 해보자. 미래 준비의 첫걸음은 상상이다. 상상하고 상상하면 현실이 된다는 사실을 기억하자.

변하지 않으면 도태된다

하루빨리 변화에 나서자

과학자이자 미래학자인 레이 커즈와일(Ray Kurzweil)은 첨단기술이 인간을 뛰어넘는 순간을 '싱귤래리티(singularity)'라 이름 붙였다. 싱귤래리티는 우리말로는 '특이점'이다. 커즈와일은 2007년 《특이점이 온다》는 책에서 현재의 기술과 환경에서 90도 각도로 수직 상승하여 전혀 다른 신세계를 맞게 될 것이라고 말했다. 그는 2040년이면 인공지능이 인간 모두의 지능을 합친 것을 뛰어넘을 것을 예상했다. 《왜 서양이 지배하는가》를 집필한 이언 모르스 역시 "사회 발전은 기반을 필요로 하고 기반이 갖춰지면 발전 속도에 가속도가 붙는다."라고 말했다.

커즈와일의 예상대로 정말로 오늘날 세상은 하루가 다르게 급격하게 발전하고 있다. 지금과 같은 기술의 발전 추세를 보면 정말로 수직 상승하는 신세계를 볼 날이 멀지 않은 것 같다. 이러 시대적 변화 속에서 변하지 않고 제자리에 머물러 있으면 도태되게 마련이다. 도태되기 전에 얼른 변화에 나서야 한다.

안전지대를 벗어나다

평택 1기 반도체 공장을 지을 때보다 2기 반도체 공장을 지을 때 프리패브케이션(pre-fabrication) 공법을 이용해 인건비를 50%나 줄였다. 프리패브리케이션은 부품을 공장에서 사전 제작해 현장에서는 조립만 하는 방식이다. 건물을 짓는 데 들어가는 비용 중 가장 많은 비중을 차지하는 게 인건비다. 무려 80~90%나 되는데, 날이 갈수록 인건비가 높아져 지금 하는 방식대로 일하면 수익을 내기가 점점 더 힘들어질 것이다.

"너 죽고 나 살자!"는 경쟁업체나 협력업체 죽이기 식의 사업은 더 이상 안 된다. 그래서 늘 어떻게 하면 함께 생존할 수 있을까를 생각한다. 만일 보다 나은 기술을 개발해 인건비를 10~20%만 들인다면 훨씬 더 효과적일 것이다. 어차피 AI의 발달로 사람이 하는 일의 많은 부분을 컴퓨터나 로봇이 대체하게 될 것이다.

그래서 스타트업과 협업해 하드웨어가 아닌 소프트웨어 중심으로 업무를 바꾸는 방식의 사업을 고민하고 있다. 현재 사회 트렌드도 그런 방향으로 변하는 추세다. 구글의 리더십 코치 데이비드 피터슨은 "안전지대에 머무는 것은 오늘을 위해서는 좋은 선택이다. 그러나 내일을 위해서는 끔찍한 선택이다."라고 말한다.

그동안 건설업에만 몸담고 있었으므로 다른 업종에 대해서는 지식과 경험이 부족하지만 안전지대에서 벗어나 내일을 준비하고자 한다. 그래서 인건비를 많이 쓰는 공사에서 인건비를 최소화하는 공사를 하려고 여러 가지 방법을 강구하고 있다. 그리고 그다음 단계로 건설업에서 한 발짝 나아가 다른 곳에서도 새로운 방향을 제시하고 미래의 먹거리를 찾아보고자 한다. 우리 회사가 찾아낸 새로운 먹거리 중 하나는 친환경 사업인 배터리 복원 사업이다.

배터리 복원 사업에 투자하다

우리가 주로 사용하고 있는 자동차는 가솔린기관과 디젤기관 같은 석유 내연기관으로 작동한다. 다시 말해 석유를 태워 에너지를 만들고 그 에너지로 자동차가 움직인다. 하지만 차량 운행 시 배출되는 온실가스가 환경문제의 주범으로 인식되면서 내연기관 자동차가 사라질 날이 머지않았다.

2021년 7월 14일 EU는 2035년부터 내연기관차 판매를 금지하겠다고 선언했고, 전기차의 대명사 테슬라를 선두로 자동차 기업들은 전기차 생산에 박차를 가하고 있다. 볼보는 2030년까지 완전한 전기차 기업으로 전환하겠다고 했고, 메르세데스-벤츠는 2025년부터 전기차만 판매하겠다고 결정했다. 앞으로 더 많은 자동차 기업이 내연기관차에서 전기차로 전환할 것이다.

우리나라도 친환경을 이유로 전기차 사용이 급속도로 늘어나고 있다. 특히 제주도의 경우 2027년까지 모든 렌트카를 전기차로 바꾸어나갈 계획이고, 관용차도 전기차로 바꾸는 중이다.

그런데 아이러니하게도 친환경 자동차라 여겨지는 전기차 역시 환경문제에서 자유롭지 못하다. 전기차 생산이 늘어날수록 환경문제는 심각해질 수밖에 없다.

전기차의 핵심 부품인 배터리를 제작하는 과정에서 황산화물 같은 대기오염 물질이 나온다. 또한 배터리는 수명이 있기 때문에 일정 시간이 지나면 교체를 해주어야 하는데, 수명이 다한 배터리를 그대로 폐기할 경우 환경에 유해한 물질을 뿜어내 심각한 환경오염을 유발한다. 폐배터리는 다른 쓰레기처럼 매립이나 소각이 안 되므로 반드시 재활용을 해야 한다.

에너지경제연구원에 따르면 국내 폐배터리 발생 규모는 2012년 104톤에서 2029년 1만 8,758톤으로 100배나 늘어날 전망이라고 한다. 정부 차원에서도 폐배터리 문제를 해결하기 위해 노력을 강구하고 있다. 2021년 3월 18일 산업통상자원부는 현대글로비스, LG에너지솔루션 등과 협력해 폐배터리를 에너지 저장장치로 활용할 계획을 내놓았다. 현대자동차그룹, SK이노베이션, 포스코 등 대기업들은 이미 폐배터리 사업을 시작했고, 여러 중소기업들도 폐배터리 사업에 투자하고 있다.

우리 회사도 이런 시대적 변화에 발맞추어 2021년 5월 6일 복원 배터리 전문 기업인 '에코유복원배터리 광주지점'을 오픈했다. 건설 부문을 맡고 있는 태일씨앤티를 중심으로, 자재/부동산 임대 부문은 태경 이노베이션이, 투자 부문은 세르파 벤처스가 맡고 있는데, 친환경 부문 사업을 신성장

에코유복원배터리 광주지점과 배터리 복원기

사업으로 선택한 것이다. 건설 현장에서 사용되는 여러 가지 건설 장비들에도 배터리가 필수적일 뿐만 아니라 앞으로 친환경 기술이 더욱 각광받을 것이라는 점에 주목해서 선제적으로 투자하기로 결정했다. 광주지점 외에 다른 지역 지역에도 오픈할 계획을 가지고 있다.

2010년 2월에 설립된 에코유복원배터리는 ES-K9000 배터리 복원 시스템을 연구 개발하여 완전 방전 또는 황산염으로 오염돼 기능이 정지된 배터리를 95~98%까지 복원해 정상적으로 사용할 수 있게 만들어준다. 에코유복원배터리는 뛰어난 기술력과 독자적인 시스템으로 복원률이 높고 소요비용이 절감된다는 점에서 기존 복원배터리 업체와 차별화가 된다.

에코유복원배터리는 이 시스템을 상용화하였으며, 배터리 복원기와 복원 배터리를 판매하고 있다. 2021년 7월 현재

29개 지점을 가지고 있다. 승용차 배터리뿐만 아니라 화물차, 중장비, 건설장비, 지게차, 농기계, 골프카트, 스쿠터, 선박 등 다양한 배터리를 복원할 수 있다. 이 회사는 현대자동차로부터 M&A 요청을 받았지만 이를 거절할 정도로 자사의 기술력에 자부심과 자신감을 가지고 있다.

앞으로 전기차 시장이 커지는 것과 더불어 폐배터리 관련 시장도 폭발적으로 성장할 것이다. 배터리 복원 시장의 사업성은 무궁무진하다. 반면 자동차 내연기관과 관련된 수만 개의 부품 업체들은 존폐의 위기에 놓일 것이다. 내연기관 자동차는 3만 개의 부품이 필요하지만 전기차의 경우 1만 9,000개 정도 부품이면 충분하다. 부품수가 약 36% 정도 줄어든 것이다. 그래서 전기차 보닛을 열어보면 기존의 내연기관차 보닛에 비해 엄청 깔끔하다. 달리 보면 이는 내연기관차와 관련된 수만 개의 부품 업체들이 망할 수밖에 없다는 얘기다.

내연기관차 퇴출은 이제 시간문제다. 부품 업체의 매출은 갈수록 하락하고 있고 대량 실업까지 예견되고 있다. 관련 업종에 종사하는 업체들은 생존을 위해 하루빨리 출구전략을 세워야 한다.

디지털 트랜스포메이션은 선택이 아닌 필수다

성장을 하려면 더 빨리 달려야 한다

루이스 캐럴의 동화 《이상한 나라의 앨리스》의 속편인 《거울 나라의 앨리스》에서 붉은 여왕(레드 퀸)이 앨리스의 손을 잡고 나무 아래에서 달리는 장면이 나온다. 그런데 앨리스는 전혀 앞으로 나아가지 않는 기분을 느끼며 숨을 헐떡이며 붉은 여왕에게 묻는다.

> "계속 뛰는데, 왜 나무를 벗어나지 못하나요? 내가 살던 나라에서는 이렇게 달리면 벌써 멀리 갔을 텐데."

그러자 붉은 여왕은 이렇게 대답한다.

"여기서는 힘껏 달려야 제자리야. 나무를 벗어나려면 지금보다 두 배는 더 빨리 달려야 해."

진화생물학자였던 밴 베일런은 1973년 '붉은 여왕 가설(Red Queen hypothesis)'을 제시했다. 적자생존의 자연환경하에서 진화가 더딘 생명체는 결국 멸종한다는 것이다. 1996년 미국 스탠퍼드대학교 윌리엄 바넷 교수는 붉은 여왕 가설을 경영학에 접목시켜, 쉼 없이 경쟁 기업의 움직임을 살피고 분발하지 않는 기업은 결국 시장에서 도태되고 만다고 주장하였다. 성장하려면 우리는 지금보다 최소한 두 배는 더 빨리 움직여야 한다. 특히나 건설산업 종사자들이라면 더욱 명심해야 할 내용이다.

건설업도 디지털 트랜스포메이션이 필요하다

최근 전 산업 영역에 걸쳐 디지털 트랜스포메이션(Digital Transformation)이 일어나고 있다. 디지털 트랜스포메이션은 디지털 기술을 사회 전반에 적용하여 전통적인 사회 구조를 디지털 구조로 혁신시키는 것이다. 대한건설정책연구원이 2020년 작성한 자료에 따르면 디지털 수준이 높은 산업일수록 생산성 증가율이 높은 경향을 보이는데, 건설산업은 전체 산업 중 디지털 지수와 생산성 증가율이 어업이나 농업보다 낮은 최하위였다. 건설산업은 지금의 속도보다 최소한 두 배는 빠르게 움직여야 디지털 트랜스포메이션을 할 수 있다는 얘기다.

이에 위기의식을 느낀 주요 건설사들은 스타트업에 투자하거나 직접 협력하는 오픈 이노베이션을 통해 디지털 트랜스포메이션을 시도하고 있다. 디지털 트랜스포메이션을 통해 생산성을 높이고 부가가치를 창출할 수 있을 뿐만 아니라 리스크 관리도 가능하다. 이제는 디지털 트랜스포메이션은 해도 되고 안 해도 되는 선택의 문제가 아니라 반드시 해야만 하는 필수조건으로 바뀌어가고 있다. 또한 최근 세계적인 화두로 떠오른 ESG(환경, 사회, 지배구조)에 대한 대응도 가능하다. 이를 보다 구체적으로 살펴보면 다음과 같다.

생산성 향상

건설산업은 노동집약적 산업이므로 생산성이 매우 낮다. 그런데 BIM(Building Information Modeling, 건설정보모델링), 클라우드, 인공지능, 증강현실, 플랫폼 등 다양한 디지털 기술을 접목하면 기술집약적 산업으로 전환할 수 있다. 대한건설정책연구원은 건설산업에 디지털 기술을 도입하면 현장 직업의 고도화, 효율화에 따라 공기가 단축되고 투입되는 인원이 줄어들어 건설 현장의 생산성을 25% 향상시키는 효과가 있을 것이라고 내다봤다.

부가가치 증가

해외건설 시장의 불황과 국내 건설시장의 계속된 침체로 건설업은 근본적으로 체질 개선을 하지 않으면 안 되게 되었다. 사물인터넷(IoT), 3D프린팅, 자율주행, 로봇 등과 같은 다양한 디지털 기술들이 건설산업에 접목되면 비효율과 오류가 줄어들고 새로운 사업 영역이 확대되어 부가가치가 증대될 수 있다. 2019년 산업연구원은 2025년까지 디지털화를 진행했을 때 건설산업의 부가가치가 크게 성장할 것으로 예측했다.

사고율 감소

디지털 기술을 도입함으로써 건설현장에서 발생하는 추락, 충돌, 화재 등으로 인해 발생하는 현장 사고율이 대폭 줄어들 것이다. 미국의 서포크 컨스트럭션 컴퍼니는 3년간 건설 현장 빅데이터를 수집하고 AI로 분석하여 안전사고의

20%를 미리 파악했다. 그리고 BIM 기술을 활용하면 도면 설계 단계부터 시공의 다양한 위험 상황을 예측할 수 있다. 로봇, 드론을 활용하여 인부들이 접근하기 힘든 장소나 업무에 대체 투입하여 건설 현장의 사고율을 감소시킬 수 있다.

폐기물, 탄소 배출량 감소

건설산업 현장에는 많은 폐기물이 발생한다. 그리고 주로 사용하는 철강이나 시멘트 같은 자재들을 생산할 때 탄소가 매우 많이 배출된다. 영국 정부의 공공사업 효율화 전략에 따르면 BIM, 탈현장화(OSC), 3D프린팅 등의 디지털 기술을 적용하면 건설 과정의 불필요한 설치 가설재를 사용하지 않을 수 있으므로 폐기물이 줄어들고 최적화 계획으로 불필요한 낭비를 없애 탄소 배출을 감소시킬 수 있다고 한다. 폐기물은 30~60%, 탄소 배출량은 50%까지 낮출 수 있는 데다 공사시간은 50%, 건설비용은 30%까지 줄일 수 있으니 환경에도 도움이 되고 비용은 절감되는 효과를 누릴 수 있다.

건설에 디지털 기술을 접목하다

스마트 건설이 대두되면서 '콘테크(Con-Tech)'라는 개념이

등장했다. 콘테크는 건설(Construction)과 기술(Technology)의 합성어로, 설계, 건축, 토공, 건설기계, 제조, 관리 등 여러 건설 공정을 디지털화해 생산성을 높이는 각종 혁신 기술을 의미한다. 국내에는 아직 잘 알려지지 않았지만 글로벌 시장에서는 콘테크 기업들이 빠른 성장세를 보이며 두각을 드러내고 있다.

미국 콘테크 스타트업은 2011년에는 2개에 불과했으나 2018년 2,156개로 급증했고, 2011년부터 11조 원이 투자됐다. 2019년 7월 〈월스트리트저널〉은 "돈을 쏟아붓고 있다(pouring money)"라는 표현을 쓰며 벤처 투자자들이 콘테크 스타트업에 투자하고 있다고 전했다.

2015년 창업한 카테라(Katerra)는 프리패브리케이션 공법의 선두 주자로 2018년부터 소프트뱅크로부터 20억 달러(약 2조 2,000억 원) 이상의 투자를 받으면서 단숨에 유니콘(기업가치 10억 달러 이상 스타트업) 기업으로 급부상했다. 하지만 안타깝게도 공격적인 성장 전략으로 부채가 늘고 코로나19 여파로 공사 기간 지연과 비용 초과 문제 등이 겹쳐 경영 악화로 결국 2021년 6월 2일 문을 닫았다.

이준성 이화여대 건축학부 교수는 "카테라의 실패는 한 기업의 실패일 뿐 OSC(Off-Site Construction, 탈현장 건설) 관련 기업군 전체의 실패는 아니다"라면서, "카테라가 제시했던 건설생산 공급사슬 통합화 개념은 의미 있는 방향"이라고 강조했다.

그리고 또 다른 유니콘 기업으로 프로코어(Procore)를 들 수 있다. 프로코어는 건설 관계자가 데이터를 공유하는 방식을 혁신한 소프트웨어 기업이다. 건설업계는 의사소통이 안 되기로 유명하다. 일례로 라스베이거스 호텔을 지을 때 여러 회사가 설계 도면을 각각 다른 방식으로 해석하는 바람에 철근을 잘못 설치했고, 결국 건설 중간에 사업이 중단됐다는 이야기가 있을 정도다.

업체마다 시스템이 다를 뿐만 아니라 관리자와 설계자, 현장 시공자 간에 사용하는 문서 방식, 도구도 제각각이라 오해가 종종 생겨 심각한 상황이 발생하기도 한다. 프로코어는 클라우드 기반의 관리 플랫폼을 만들어 이 문제를 해결했으며, 기술력을 바탕으로 급성장하면서 기업 가치 30억 달러에 달하는 유니콘 기업이 되었다. 국내에도 이런 역할을 할 콘테크 스타트업이 나와 국내 건설산업이 재도약할 수 있기를 희망한다.

특히 우리 회사가 속해 있는 전문건설업체에도 디지털 트랜스포메이션 변화의 바람이 불었으면 한다. 대한전문건설협회 자료에 따르면 2021년 7월 현재 전문건설업체의 수는 49,447개다. 실내건축, 토공, 습식방수, 석공, 도장, 비계, 금

속구조창호, 지붕판금건축물, 철근콘크리트, 상하수도, 보링, 철도궤도, 포장, 수중, 조경식재, 조경시설, 강구조, 철강재, 삭도설치, 준설, 승강기, 기계설비, 가스시설시공업(1종), 시설유지관리 등 24개 업종으로 나뉜다. 그중 철근콘크리트 업체는 12,467개이다.

2021년 종합건설업과 전문건설업 간의 업역 규제가 폐지 및 통폐합되면서 위기와 동시에 기회의 장이 열리고 있다. 디지털 트랜스포메이션을 기회의 장을 여는 좋은 도구로 활용하면 좋겠다. 전문건설업체는 종합건설업체에 비해 재정이나 인력 면에서 부족하므로 디지털 트랜스포메이션을 준비하기는 여러 모로 힘들다. 하지만 현재의 모습에 안주하지 않고 지금부터 차근차근 준비해나간다면 미래의 모습은 훨씬 더 밝고 희망적일 것 같다.

ESG, 대기업만의 문제가 아니다

단기 수익이 아닌 장기 가치를 바라보자

최근 들어 기업의 비재무적 요소인 ESG를 중요하게 여기는 분위기가 확산되고 있다. ESG는 환경(Environment), 사회(Social), 지배구조(Governance)의 앞 글자를 딴 용어로 기업의 재무제표에 드러나지 않는 비재무적인 요소에 내재되어 있는 가치를 보는 것이다.

ESG는 투자 대상을 선정할 때 재무제표나 현금흐름과 같은 긍정적 이익뿐만 아니라 기업의 지속 가능성과 사회에 미치는 영향을 고려해 투자하겠다고 의도가 담긴 기준이다. 다시 말해 투명하고 올바른 방향으로 돈을 버는지 살펴보겠다는 것이다.

환경 항목인 E는 환경을 얼마나 소중하게 여기고 친환경적인 경영의 방향을 제시하는지를 평가한다. 탄소 발자국, 에너지 효율, 재생에너지 사용이 포함되며 자원의 사용과 오염 배출을 최소화해 기업의 영업 활동이 지구에 미치는 영향을 줄이는 것이 중요 이슈다.

사회 항목인 S는 기업이 윤리적 경영을 하고 있는지를 평가하기 위해 주로 근로환경, 노사관계, 지역사회 기여 등을 살펴본다. 내부적으로는 직원 만족도, 노동조합 가입률, 직원당 평균 교육 시간과 같은 근로 여건과 여성직원 비율, 장애보유직원 비율과 같은 다양성 항목을 보고 외부적으로는 지역사회 기여, 책임, 고객 만족 등을 본다.

지배구조 항목인 G는 기업을 얼마나 효율적이고 투명하게 운영하는지를 살펴본다. 여기에는 이사회의 구조 및 다양성, 경영진의 보루 주주권의 보직과 같은 이슈들이 포함된다. 최근에는 사회적 이슈를 다루는 사회적 논쟁 항목도 비재무적 평가에 들어 있다.

ESG는 또 다른 기회다

이미 대기업들은 ESG 경영을 강화하고 있다. 일례로 SK 그룹은 첨단소재, 바이오, 그린, 디지털 등 미래가치가 높은 사업으로 포트폴리오를 재편하여 수소와 배터리 등 친환경 사업에 2조 원 규모의 투자를 계획하고 있다. 또한 중간배당금을 50% 증액하여 주주친화정책을 표명했다.

대기업들이 ESG에 관심을 두는 이유는 환경과 사회적 가치가 중요한 이슈로 떠오르면서 지속 가능한 발전을 위해서는 기업과 투자자들이 사회적 책임의 중요성을 회피할 수 없게 되었기 때문이다.

우리나라도 2025년부터 자산총액 2조 원 이상의 유가증권시장 상장사의 ESG 공시 의무화가 도입되며, 2030년부터는 모든 코스피 상장사로 확대될 예정이라고 한다. ESG는 기업의 입장에서는 리스크라고 볼 수 있다.

그런데 ESG는 대기업만 해당되는 이야기가 아닌 것 같다. ESG는 리스크이면서도 기회다. ESG 경영을 하는 중소기업에 다양한 이점이 존재한다. 글로벌 기업들은 ESG 경영을 하지 않는 공급처는 배제하고 다른 공급처를 찾을 것이다. 중소기업 대출심사 시 ESG 등급을 반영해 자본 조달을 하게 될 것이며, ESG를 지키지 않으면 세금 폭탄 등 다양한 규제를 받게 될 것이다.

ESG 경영은 조만간 중소기업에도 필수사항으로 다가올 것이다. 이를 위해 빠른 시일 내에 주요 고객사의 ESG 이슈를 발굴하고 관리를 해나가야 한다. 그리고 경영 프로세스에 ESG를 반영해서 의사결정을 내려야 한다. 우리 회사는 선제적으로 재무구조 개선 작업을 추진하여 주총을 통해 실질적인 지배구조를 개선했다. 그리고 근로복지재단을 설립해서 사내복지기금의 수익금으로 근로자의 재산 형성, 우리사주 구입, 생활 원조를 지원하고 있다.

ESG 정보 공개

태일씨앤티는 ESG 경영 원칙을 정하고 실천할 것을 주요 고객사와 시장에 알려 투명 경영을 하고자 한다. 또한 전사 차원의 준법 경영과 윤리 경영으로 조직원의 일탈이 ESG 경영에 진정성을 해치지 않도록 예방할 것이다.

ESG 경영은 기업 규모를 막론하고 거스를 수 없는 대세이므로 태일씨앤티는 ESG 경영으로 경영 우위를 선점하고자 한다. 그 기준이 되는 내용은 다음과 같다.

- 환경보호에 기여하는 경영 활동의 토대를 만들겠다.
- 관리 위험을 시스템화해서 최소화하려 한다.
- ESG 경영을 통해 사회환경 문제 해결에 기여하는 회사로 인식되고, 지배구조를 확립해 투명경영을 하고 올바른 기업임을 대외적으로 공포하고 알리겠다.
- 좋은 기업 이미지 구축은 팬덤 고객층을 만들게 하고 안정적인 매출과 큰 수익을 올리게 만들 것이다.
- 새롭게 마련되는 기준은 기업 내부의 프로세스를 명확히 이해하고 긍정적인 ESG 경영을 유도할 것이다.

경쟁사와 차별화할 수 있는 유일한 길은 자기 사업과 적합성 높은 ESG 과제를 경영 전략과 오퍼레이션의 축으로 삼아 경쟁사를 앞질러 뛰어난 성과를 창출하고 이를 측정해 공포하는 것이다.

미래를 함께 꿈꿀 사람을 준비하자

회사가 성장하려면 위에서부터 바뀌어야 한다

태일씨앤티 설립 후 초창기에는 매출을 올리는 확장 경영을 주로 했다. 그런데 갈수록 건설 경기가 하향세였고 특히 2017년부터 내리막길을 걷기 시작했다. 매출만 올릴 게 아니라 직원 관리, 즉 인재 양성이 필요하다는 점을 절감했다. 그래서 연세대 황태홍 교수와 함께 우리 회사에 맞는 인사 제도를 만들기 위해 노력했다. 기본기를 닦은 다음 1년 뒤 컨설팅 전문업체인 이언그룹 유용미 부사장과 함께 인사 제도를 개편하고 교육 방법 등을 설계했다.

우리 회사는 직원들에게 늘 비전과 이상을 제시한다. 매년 핵심 과제를 정하고 그 과제를 해결하는 과정을 통해 직원들을 성장하게 만든다. 그런데 회사가 아무리 좋은 비전과 이상을 제시해도 직원들이 이를 제대로 수용하지 않는다면 무용지물이다. 이를 직원 개인의 책임으로 치부해서는 안 된다. 회사가 먼저 나서서 직원들의 더 나은 삶을 응원해주면서 직원들이 비전과 이상을 공유할 수 있게 만들어야 한다.

특히나 임원을 비롯한 리더십들은 회사의 비전과 이상을 명확히 이해하고 조직 전체에 잘 전달될 수 있도록 해야 한다. 우리 회사는 이를 위해 리더십들에게 전문 컨설팅을 받게 해준다. 일명 '리더십 맨투맨'이다. 심리학 박사들이 상담자가 어떤 상태에 놓여 있는지 1차적으로 적성에 대한 테스트를 하고, 현장으로 찾아가서 5~6차례 그룹 코칭을 한다. 일대일 코칭도 진행한다. 그동안 나를 포함해 임원 리더십 6명이 컨설팅을 받았다. 리더십 중심으로 이런 컨설팅을 받는 이유는 회사가 성장하고 혁신을 하려면 위에서부터 바뀌어야 하기 때문이다.

앞으로 태일씨앤티의 미래를 함께 꿈꿀 수 있는 사람, 책임질 수 있는 사람, 그리고 성격적으로 트레이닝이 필요한 직원들도 컨설팅 대상자에 포함할 계획이다. 특히나 현장에서 까다로운 클라이언트를 만나면 스트레스를 많이 받는 직원들도 컨설팅 대상자이다.

직원들의 생생한 목소리를 경청하다

2019년부터 매해 우리 회사 직원 만족도 조사를 해오고 있는데 80점대가 나왔다. 전문건설업체 중에서 직원 만족도 조사를 하는 곳은 찾아보기 힘든 것 같다. 이직률도 동종 업계에서 낮은 편이다. 그렇다고 직원들의 불만이 없는 것은 아닐 것이다. 불만이 없는 회사가 어디 있겠는가. 우리 회사는 직원들의 불만을 표출하는 창구로 신문고 제도를 이용하고 있다. 불만이 있을 때 대표이사에게 직접 보고하는 제도다. 거기에 의견을 개진하면 대표이사가 일주일 내에 피드백을 한다. 물론 무기명이다.

신문고 제도를 운영하게 된 이유는 부하직원들의 불만을 상급자들이 누르는 경우가 있기 때문이다. 상사들은 부하직원의 불만이 나오면 관리를 제대로 못해서 그렇다, 무능해서 그렇다는 얘기를 들을까봐 부하직원의 불만을 희석시켜서 보고하는 경우가 종종 있다. 이런 일을 막기 위해 밑에 있는 불만들이 최고경영자에게 바로 갈 수 있게 길을 만들어놓은 것이다.

책자 제목 공모전 1위 시상

나 역시 태일씨앤티를 창업하기 전에 그동안 다니던 회사에서 상사와 그런 일이 생겨 고충을 많이 겪어 스트레스를 받은 경험이 있다. 그래서 팀장급이나 부서장들에게 권한을 많이 주고, 아래 직급 직원들의 불만이 더 커지기 전에 사전에 정리를 해주면 좋겠다는 생각에서 신문고 제도를 시작했다.

그리고 무엇보다 직원들의 생생한 목소리를 듣고 그들의 이야기를 경청해 더 나은 태일씨앤티를 만들고 싶다. 이 책의 제목을 정할 때도 직원들의 목소리를 듣고 싶었다. 나 혼자만의 생각으로 책을 만드는 게 아니라 미래를 함께 만들어 나갈 직원들과 이 책을 함께 만들고 싶었다. 그래서 직원들에게 그동안 집필된 내용을 보여주고, 책 제목을 공모하였는데 내가 생각했던 것보다 훨씬 더 열렬한 반응이었다. 1위는 300만 원, 2위 100만 원, 3위 50만 원(2명). 총 500만 원을 상금으로 사용했다. 상금을 받은 사람이나 안 받은 사람이나 다들 이 책을 만드는 데 동참했다는 마음을 느낄 수 있는 시간이었다.

우리 아이들이 다니고 싶은 회사

기업의 가치를 따질 때 매출액이나 순이익 같은 외형적인 것도 있지만, 요즘은 그 기업에서 일하는 직원의 입장에서 볼 때 얼마나 괜찮은 직장인지 하는 것도 중요한 기준이 된다. 그중 하나가 일하기 좋은 기업의 개념이다. 기업 내에서 가장 중요한 자산은 바로 직원이다. 직원 관점에서 좋은 직장이란 상사와 경영진을 신뢰하고 일에 자부심을 느끼며 재미를 느낄 수 있는 기업이다.

태일씨앤티는 직원들 간의 커뮤니케이션을 위해 직급별 모임과 각종 동아리 모임을 적극 지원해주고, 매달 칭찬사원을 뽑아 포상금으로 20만 원을 지급한다. 또한 법적인 기본 산재보험 영역 이상의 별도의 상해보험에 가입하여 근무 중 발행할지 모를 임직원들의 상해에 대비하고 있다. 이뿐만 아니라 임직원 보증보험에도 가입해 근무 중 혹여 발생할지도 모를 업무상 과실로 인해 임직원이 회사에 끼치는 손해나 손실에 대해 개인 부담을 갖지 않도록 해 임직원들의 안정적 근무 환경 조성하고 있다.

그리고 매년 선발된 임원의 성장을 위해 대학원 및 교육비를 지원한다. 직원들의 학원 자격증 대비 교재비와 비용을 지원해 개인의 역략 강화에 기여하고 있으며 복수의 자격증을 취득할 경우 배수의 자격수당을 지급해 임직원들이 자격증을 다수 취득하도록 독려하고 있다.

연금 휴직제도 근로복지재단을 설립해 직원들을 위한 포상과 파티를 준비하고 이를 실행하고 있다. 창립 첫해부터 해마다 우수사원을 뽑아 포상을 하고 있는데, 올해의 태일인상에 뽑히면 3,000만 원의 상금과 해외여행 기회가 주어진다. 그리고 올해의 최우수현장상을 뽑아 현장 소장과 직원 15명이 부부 동반 일주일 해외 여행을 보낸다. 우리 회사 협력사 중 우수 협력사도 선정해 함께 여행을 간다. 경비는 모두 회사가 부담한다. 2016년까지는 동남아로 여행을 갔으나, 2017년과 2018년에는 독일 페리사 연수와 시찰 후 유럽 여행을 했다. 2019년에는 독일 바흐마 건축 자재 전시회에 참가 후 유럽 여행을 했다. 안타깝게도 2020년부터는 코로나19로 인해 해외 여행을 가지 못해 우수사원 14명과 우수 협력사 1곳을 선정해 600만 원씩 지급하고 있다.

그리고 사내 커플이 결혼을 하면 회사 상조회 지원금 외에 별도로 결혼축하금으로 3,000만 원을 지급해 안정적인 결혼 자금을 마련할 수 있도록 돕고 있다. 1호 커플에 이어 2호 커플까지 탄생했다. 또한 매달 임직원의 투표를 통해 한 달간 가장 많은 칭찬을 받은 직원을 선발하여 20만 원의 상금을 지급한다. 월별 당선자 중 연말에 다득표자를 선발하여 인사 평가에 가점을 부여하고 연봉 조정 시 인센티브를 준다.

매년 임직원들이 사랑의 쌀 나눔 행사와 따뜻한 겨울나기 나눔 행사를 통해 지역 주민을 위한 사회 공헌 활동도 하고 있다. 관내 독거 노인 및 기초생활수급자, 소외계층에게 매년 쌀과 소정의 성금을 기탁한다. 독거노인 가정에는 겨우내 차가운 바람이 스며드는 창문과 문에 문풍지를 발라주고, 난방에 필요한 연탄을 각 가정마다 쌓아줘 추운 겨울을 이겨내는 데 조금이나마 도움을 드리고자 한다.

전명훈 상무는 내 자식이 입사하고 싶은 회사, "아빠가 다니는 회사가 이 정도야"라는 말을 들을 정도로 내실 있는 회사를 만들고 싶다고 말한다. 그런 말을 들으면 내 진심이 전해진 것 같아 뿌듯하다. 우리 아이들을 다니게 하고 싶은 태일씨앤티를 함께 만들어나가고자 한다.

우수사원 해외여행, 사내 커플 결혼 축하금, 태일인상, 칭찬사원상

더불어 살아가는
더 나은 미래를 건설합니다

책을 출간하고자 마음먹었을 때 설렘과 함께 두려움이 교차했다. 지난 30여 년간 건설 일을 해오면서 살아온 나의 시간을 되돌아보고, 8년 전 태일씨앤티를 시작해 지금의 모습으로 성장하기까지 어떤 일들이 있었는지, 그리고 앞으로 나아갈 태일씨앤티의 모습은 어떨지 한 장 한 장 그려가면서 어떤 책이 나올지 무척 기대가 되었다. 한편으론 “태일씨앤티가 무슨 대단한 걸 이루었다고 책까지 내?”라는 소리를 들을까 봐 걱정스럽기도 했다.

하지만 원고 완성 후 책 제목을 정하는 과정에서, 나의 걱정은 쓸데없는 기우였음을 확인했다. 이 책은 나의 자서전이 아니라 태일씨앤티의 성장기를 담았으므로 책의 제목을 직원들과 함께 정하는 게 보다 의미가 있겠다는 판단이 들었다. 그래서 우리가 늘 수주를 위해 입찰을 하듯, 직원을 대상으로 책 제목을 공모하기로 했다. 제목안 공모에는 21명이 참석했는데, 34개의 제목안이 나왔다.

객관적인 결정을 위해 9명의 심사자가 참가해 1차 투표로 6개 제목안을 뽑은 다음, 2차에 3개를 뽑은 다음, 3차에 최종 제목을 확정하는 방식이었다.

1차 투표를 통과한 6개의 제목은 다음과 같았다.

- A Better Tomorrow 더 나은 내일을 건설합니다
- 건설 현장에서 발견된 작은 거인의 일기장
- 사람을 짓다
- 누군가가 아닌 태일이 일으킨 나비 효과
- 의미와 가치를 담은 우리들의 스토리
- 각자의 계절이 있다

이 중에서 'A Better Tomorrow 더 나은 내일을 건설합니다'와 '누군가가 아닌 태일이 일으킨 나비효과' '사람을 짓다'

가 2차에 올랐고, 최종적으로 'A Better Tomorrow 더 나은 내일을 건설합니다'가 결정되었다. 이 제목안이 태일씨앤티가 지금까지 걸어온 길, 앞으로 나아가야 할 방향을 가장 잘 나타내주었기 때문에 심사자들의 마음을 움직인 것 같다.

제목안 공모에 참석한 21명의 직원들은 단지 제목안만 적은 게 아니라 자신이 적어낸 제목안의 의미와 의도를 적었는데, 그 글들은 내게 전율과 감동을 주었다. 직원들의 한 마디 한 마디에는 '우리 태일씨앤티가 성공하지 못하면 문제가 있다'는 자부심이 느껴졌다. 특히 다음과 같은 글들이 인상적이었다.

- 최종적으로 회사에 중요한 것은 사람이다.
- 누구도 예상하지 못한 혁신을 꿈꾸며 태일은 묵묵히 앞으로 나아갈 회사
- 꽃은 씨앗을 퍼뜨려 또 다른 곳에 꽃을 피우며 군락을 이룬다. 태일은 인재를 확보하고 양성해서 대한민국을 넘어 세계로 나아가자.
- 태일은 누군가의 것이 아닌 우리의 것
- 미래를 시작하는 사람에게 좋은 참고자료

- 1%의 가치를 깨닫다.
- 사람들이 모여 서로 신뢰하고 꿈꾸며 폭넓은 속뜻을 품고 있다. 꽃을 피울 수 있게 기다려주고 응원해주는 참된 리더의 모습. 단단한 태일의 성장에는 사람이 있다.

이 글들의 의미와 의도를 종합해보니 나는 그들이 내게 다음과 같은 메시지가 전하고 있음이 느껴졌다.

"사람 그리고 혁신의 씨앗을 터뜨려 꽃을 피우며 군락을 이루고, 1%의 가치를 소중히 여기는 단단한 태일을 만들어 더불어 살아가는 더 나은 미래를 건설합니다."

책을 출간하기로 마음먹지 않았으면 직원들로부터 이런 소중한 이야기를 듣지 못했을 것이다. 그리고 과거의 기억들을 떠올리며 한 장 한 장 적어나가면서 오늘날 태일씨앤티를 있게 한 소중한 사람들과의 인연을 되새겨보았다. 많은 사람들이 지금까지 나와 함께하고 있지만 특히 배준희 전무, 전명훈 대표, 박치호 상무 이 세 사람을 빼놓을 수 없다.

배준희 전무는 2001년 2월 분당터미널 공사를 마치고 미켈란쉐르빌 현장소장으로 이동했을 때 지인의 소개로 처음 만났다. 세 사람 중 가장 나와 비슷한 부분이 많은 그는 내 곁에서 20여 년간 우직하리만큼 본인의 원칙을 고수하고 있다. 명쾌한 분석력과 비논리적인 것을 논리정연하게 만드는 능력이 돋보인다. 경험과 테크닉이 잘 갖추어진 차기 태일씨앤티를 책임질 인재가 아닌가 한다.

그리고 세르파벤처스 전명훈 대표는 2003년 처음 만나 아산탕정 정밀유리, 용평리조트, 공무업무를 함께 하다 잠시 다른 회사로 이직했다 2012년에 재합류했다. 그는 매화 같은 기질로 차가운 겨울 한파를 이기고 이른 봄에 꽃을 피우는 것처럼 인생의 풍파를 인내와 끈기로 참아낸다. 차분하고 현실적이고 사리분별이 뛰어나서 꼼꼼하게 정보를 검토하는 능력이 뛰어나다.

2004년 지인의 소개로 면접을 본 박치호 상무는 평촌 아크로타워 현장에서 같이 근무했다. 그는 자기 일을 누구에게도 전가하지 않고 아무 말 없이 묵묵히 처리해내 늘 내게 신뢰를 준다. 마치 다른 사람과의 경쟁을 초월한 것처럼 사람들과의 관계에서 갈등을 피하고 조화를 추구한다. 앞으로 태경이노베이션의 차기 리더로 성장하길 기대한다.

그동안 우리 네 사람이 과거와 현재를 함께했듯이 앞으로 10년, 20년 그 이후를 서로 신뢰하고 받쳐주고 밀어주며 함께하길 기대한다. 그리고 또 다른 네 사람, 열 사람, 백 사람이 미래를 함께하며 태일씨앤티의 새로운 시대를 준비하고 더 나은 내일을 건설하기를 희망한다.

부록

태일씨앤티가 걸어온 길

2020년

수상
- 04 사회복지 공동모금회 감사패
- 04 삼성 ENG 공로패
- 06 신용보증기금 표창장
- 12 한라우수협력업체상

수주
- 01 [한라] 숭인동 오피스텔 신축공사
- 02 [삼성물산] 판교 알파돔 6-1블럭 중 2차
- 03 [삼성ENG] P2-PJT UT P2L PH2, 3 철근콘크리트 공사
- 03 [삼성물산] P2-PJT FAB P2L 하층 서편마감 RC공사 3-1공구
- 03 [삼성ENG] P2-PJT PH3 초순수 PVDF Shop장 기초 PAD 설치 공사
- 04 [삼성물산] P2-PJT FAB P2L 상층동편마감 RC공사 2-1공구
- 04 [GS건설] 브라이튼 여의도 복합시설 신축공사 1공구
- 06 [한라] 가산동 지식산업센터 신축공사
- 07 [삼성ENG] P3-154KV 변전소 신축공사

2019년

HR재설계
- 10 인사제도 개편(다면평가 외)
- 12 조직개편(투자기획실 신설, 그 외 부서 통합/분리)

IT Intra
- 07 자체 서버 구축(인프라)
- 09 홈페이지 개발완료
- 12 그룹웨어 개발(80%)

수상 07 2019년 상반기 HSE우수협력사 우수상

수주 01 [삼성물산] 판교 알파돔 6-1 블럭 중 1차
03 [한라] 신사동 504 복합개발사업
04 [CJ대한통운] 컬처랜드 대치동 사옥 신축공사
09 [벽산ENG] 강릉시 주문진읍 공동주택 신축공사

투자 09 태경 법인 및 3호 투자 조합 설립

2018년

인증 01 기술보증기금 벤처기업

수상 03 [국세청장] 모범납세자
11 [국토교통부장관] 건설기능인의 날

수주 01 [삼성물산] 평택 P2-PJT FAB
01 [현대ENG] 하남 미사 중심상업지역 11-1BL
02 [삼성ENG] 평택 전자 P2-PJT
04 [삼성물산] SDS 춘천 데이터센터
04 [삼성ENG] 평택 전자 P2-PJT CT동
06 [한라] 현대백화점 신사옥
08 [GS건설] 여의도 MBC부지 개발사업 Precon
12 [한라] 삼원특수지 사옥

2017년

산학협력 07 강서공업고등학교

인증 08 KS Q ISO 9001 : 2015
08 QHSAS 18001 : 2017
08 KS I ISO 14001 : 2015

수상 06 [삼성창원병원/성균관대학교] 감사패
09 [신용보증기금] 좋은일자리기업 선정

수주 03 [슈프림건설] 청라 디오스텔
03 [현대ENG] 야음주공2단지주택재건축 2공구
04 [삼성물산] 평택 P-PJT FAB 서편 마감공사
04 [GS건설] 평촌 자이 엘라
05 [대우건설] 김푸 풍무 2차 푸르지오 2공구
05 [고려개발] 인천지방합동청사
07 [삼성물산] 평택공장(부속창고)
09 [삼성물산] 평택 P-PJT FAB 동편마감공사
12 [삼성ENG] 평택 전자 P1-PJT UT/CT PH4

2016년

법인전환　09 태경 → (주) 태경이노베이션

등록　10 [(주)태경이노베이션] 한국무역협회 무역업

인증　12 경영혁신형 중소기업 MAIN-BIZ 재인증

수주
03 [대우건설] 운정 신도시 센트럴푸르지오
04 [삼성ENG] 평택 전자 P-PJT UT
05 [현대ENG] 서초동 복합시설(지하층)
07 [CJ건설] 남대문 해성산업 복합시설
08 [대우건설] 김포 풍무 푸르지오 2차 4공구
12 [한라] 오라카이 관광호텔

2015년

설립　01 태경 설립

인증　11 벤처기업

수상
07 [한국조정중재협회] 공로패
11 [아주대학교] 감사패
12 [한라] 안전부분 우수협력업체

수주 04 [삼성ENG] 평택 전자 P-PJT 154kv 변전소
04 [동부건설] 대구 테크노 A-7BL 아파트
04 [현대ENG] 서초동 복합시설(지상층)
06 [현대ENG] 힐스테이트 광교
06 [갑진종합건설] 광진경찰서 청사
07 [현대티ENG] 인천 기아차 서비스센터
08 [슈프림건설] 마곡 럭스나인 오피스텔 C1-5
08 [일군토건] 마곡 럭스나인 오피스텔 C1-2
11 [요진건설] 금계 백석초등학교
11 [삼성ENG] 평택 전자 P-PJT CT동
12 [한라] 파주 운정 아파트
12 [TK케미컬] 서대전역 우방 아이유쉘

2014년

인증 12 기업부설연구소 인정 승인

산학협력 02 경기대학교

수주 02 [GS네오텍] 판교 디테라스
03 [삼성중공업] 거제 사외 기숙사
04 [삼성물산] 삼성창원병원 제3관
06 [한라] 도곡동 동신아파트 주택재건축
07 [신세계건설] 수원 광교 이마트

08 [삼성중공업] 거제 장평 종합복지관
10 [대림산업] 평택정보시설현장
11 [BYC] 본사 대수선

2013년

설립 08 지인개발(94.04)에서 (주)태일씨앤티로 회사명 변경
대표이사 김경수 취임

인증 09 ISO 9001 : 2009
09 ISO 9001 : 2008

수주 11 [삼성중공업] 거제도 8콤프 K암벽
12 [BYC] 전주 효자동 BYC빌딩

태일씨앤티와 함께할 인재를 모십니다

성공적인 프로젝트를 위한 신뢰의 아이콘 (주)태일씨앤티입니다. 저희 회사는 1994년 창사 이래 꾸준한 기술개발과 투철한 사명감을 바탕으로 '기본과 원칙에 충실한 투명경영'과 '고객과의 신뢰를 통해 행복한 문화를 함께하는 기업 육성'이라는 각오를 가지고 2013년 지인개발(주)에서 (주)태일씨앤티로 사명을 변경하였습니다.

그동안 꾸준한 기술축적과 인재 양성으로 쌓아 올린 철근, 콘크리트 공사 부문의 신뢰와 명성을 바탕으로 급변하는 건설환경에서 항상 새롭게 도약하는 전문건설기업이 되겠습니다.

| 모집 부문 |

직무	채용 직급	자격 요건	우대사항	채용 인원
공무·안전	경력별 (대리~과장)	• 건축 관련학과 전공자 • 해당 직무 경력자	• 해당 업무 최소 1년 이상 경력 우대 • 건축기사, 안전기사 소지자 • 지방 근무 가능자 • CAD, 엑셀, PPT 숙련자 • 군필자	○○명 (상시 모집)

| 직무 내용 |

직무	주요 업무	성과 목표
공무	기성 및 투입, 정산관리	공사 종료 시점까지 新자금청구서, 新공사일보, 하자보수, 기성-정산 매뉴얼 숙지 및 현장 통합 적용
안전	안전관리	반기별 위험 공정 안전작업 관리, 안전 컨설팅의 적극적 참여로 안전 평가 순위 상위권 유지

| 근무 조건 및 혜택 |

근무 형태	정규직	
근무 지역	서울·경기 포함 전국 지역	
근무 부서	발령 현장	
급여	• 수습 기간 3개월(급여 100% 지급) • 건축 관련 전공(고졸, 전문대졸, 대졸) 및 비전공(대졸) 연봉 구분 적용 - (고졸초임) 24,960,00 이상 - (2년제초임) 31,680,000 이상 - (3년제초임) 33,120,000 이상 - (대졸초임) 기사 34,680,000 이상 • 건축(산업)기사, 안전(산업)기사 자격증수당 별도 지급 - 자격증 1개 100,000원 / 2개 이상 300,000원 • 특근수당 별도 지급(반도체 등 특수공종 현장) • 지방 벽지수당 별도 지급 - 중부권 200,000원 / 남부·영동권역 300,000원 / 도서지역 별도 • 인센티브 별도 지급(초과 성과 발생 시)	
복리후생	연금보험	- 4대 보험, 퇴직연금(DB형), 근재보험
	포상제도	- [연 1명 최우수사원] 태일인상 표창/포상 및 해외 연수 - [연 1회] 올해의 우수사원 포상 및 해외 연수
	청년지원	- 청년재직자 내일채움공제 지원
	연차제도	- 반차제도 운영
	교육 지원(본인)	- 아주대 경영대학원 MBA 교육비 지원
	생활안정 지원	- 자녀 학자금 지원(현재는 고등학교까지 1인에 한함) - 현장 숙소 지원
	생활편의 지원	- 조식/중식/석식 제공, 근무복 지급
	경조사 지원	- 결혼, 회갑, 고희, 산수, 조의, 생일(또는 결혼기념일), 자녀 첫돌, 자녀 입학 시, 경조휴가제/기념선물 지급
	여가 지원	- 동아리 모임 활성화 지원 - 직급별 모임 지원 - 대명리조트 회원권 사용 지원
	기념품 지급	- 근로자의 날, 창립기념일

● www.taeilcnt.co.kr

● T. 070-8897-0761 F. 02-871-8350